YA ERA HORA

IT'S ABOUT TIME

YA ERA HORA

IT'S ABOUT TIME

de Stanley Moss

traducción de Valerie Mejer

Sheep Meadow Press

Much thanks to Carcanet Press in the UK for assigning poems
from It's About Time (2015)

First published by Hopewell Press in the US in 2015.

Designed and typeset by Sheep Meadow Press
Distributed by Syracuse University Press

Cover image: Giralomo Forabosco, Salvataggio Miracoloso

Library of Congress Cataloging-in-Publication Data

Names:
Title:
Description:
Identifiers: 978-1-937679-84-2(pbk.)
Classification:
LC record available at:

All inquiries and permission requests
should be addressed to the publisher.

The Sheep Meadow Press
P.O. Box 84
Rhinebeck, NY 12514

Contents

Sunset — Night

Eclipse

Merry-Go-Round
Early Poems

Coming Attractions

Sunrise — Morning
Amanecer — Mañana

The Poem of Self

I often write in my diary the obsolete poem of self
with my obsolescent pen and ink.
So I throw a poem for a lark, like my hat,
off the Brooklyn Bridge, where Hart Crane, bless him,
"dumped the ashes of his dad in a condom,"
I was told.
I watch my hat glide toward the Atlantic,
wait for a miraculous rescue—
but my poem-hat alights, drifts, sinks down
among the bottom feeders,
the fluke, crab, catfish in sewage
of the East River, still musical, distantly related
to the North Sea. I hope my drowned hat
shelters blind, half- dead newborns
that lip the taste of my sweatband,
the taste of me their first breakfast
of undigested unleavened waste.
The River Styx has clean water where Elijah
swims with the Angels Gabriel and Raphael.

So the poem of self gone,
poetry must face, may two-face,
must honor the language, point out to readers
the garden of delights, hell to paradise,
almost, but never seen before.
Are the playhouses of God metaphors?
Is God rhyme? The God of everyone obsolete?
Then in the beginning was the Word, The
Word, let's say, Fish, a live-bearer—

El Poema del Yo

A menudo escribo en mi diario el obsoleto poema del yo
con mi pluma obsoleta y mi tinta obsoleta.
Entonces lanzo como mi sombrero, un poema pregonero.
Me contaron que desde el Puente de Brooklyn, Hart Crane
 "depuso las cenizas de su padre en un condón" ¡Dios lo bendiga!
Veo cómo mi sombrero se desliza hacia el Atlántico,
en espera de un rescate milagroso—
Aunque mi poema-sombrero planea, va a la deriva,
se hunde entre los que se alimentan del fondo,
el trematodo, el cangrejo, el bagre en la cloaca
del Río Este, todavía musical, en remoto parentesco
con el Mar del Norte. Espero que mi sombrero ahogado
resguarde a recién nacidos ciegos, medio muertos
que saborean el sudor en mi banda elástica,
el sabor a mí, su primer desayuno,
residuos sin digerir y sin levadura.
El Río Estix de aguas límpidas donde Elías
nada con los ángeles Gabriel y Rafael.

Así que el poema del yo se ha ido,
la poesía debe dar la cara, puede duplicar sus caras,
debe honrar al lenguaje, señalarle a los lectores
el jardín de las delicias, desde el infierno hasta el paraíso,
de cerca, pero nunca antes visto.
¿Son las metáforas esas casas de muñecas que le pertenecen a Dios?
¿Es Dios una rima? ¿El Dios de todos los obsoletos?
Luego en el principio fue la palabra,
la palabra vivípara, digamos un pez—

the fish grew fins, then feet,
asked questions without answers.
To wish or not to wish that is the question.
Every word is a question.
Put a question mark after each word,
the question mark is a fish breaking water:
poetry? mother? anything? kiss? glory?
So remembering and forgetting are over,
useless boredom is plagiarized,
human beings are spawned,
trees genuflect, there are
Stop! Look! and Listen! prayers
at railroad crossings.
Truth is, *je, yo, ich,*
a Former Obsolete First-Person Pronoun,
stole the word "so" from a friend—
seems a petty theft but is a felony
when the word packs a deadly weapon.

Looking back, God is a verb, adjective,
article, contraction, infinitive, any part of speech,
any language, since every living thing speaks God.
God is a verb—
"He was godded once by the Lord,"
means created or killed, and God is a noun,
adjective, article, infinitive, any part of speech,
birdsong, neigh, hee-haw,
bark, bray, buzz, all God's speech.

Now the poem of *you* is obsolete
and the poem of *he, she, we* obsolete—penis and vagina,
mouth, anus, hands
holding on for dear life to each other,
everything that dreams obsolete,
everything but what in the good old days we called "love."

al que le crecieron aletas, luego pies,
quien se hacía preguntas sin respuestas.
Anhelar o no anhelar esa es la cuestión
Cada palabra es una pregunta.
Pon un sólo signo de interrogación al final de cada palabra,
el signo de interrogación será un pez atajando el agua:
¿poesía? ¿madre? ¿nada? ¿beso? ¿gloria?
Así que recordar y olvidar se ha acabado,
plagiado el inútil aburrimiento,
los seres humanos son engendrados,
los árboles hacen una genuflexión, hay
plegarias de ¡Para! ¡Mira! y ¡Escucha!
en los cruces del tren.
La verdad es que a *je, yo, ich,*
los Antiguos y Obsoletos Pronombres de La Primera Persona,
le robaron la palabra "así" a un amigo—
parece un robo menor pero es un delito
cuando la palabra carga con un arma mortal.

En retrospectiva, Dios es un verbo, un adjetivo,
un artículo, una contracción, un infinitivo, cualquier parte del habla,
cualquier lenguaje, ya que todo ser vivo habla el idioma Dios.
Dios es un verbo—
"Alguna vez fue endiosado por el señor",
medios creados o asesinados y dios es un sustantivo,
un adjetivo, artículo, infinitivo, alguna parte del discurso,
canto del pájaro, nay, ji-joo,
wuf-wuf, biiih, bzz, todo el discurso de Dios.

Ahora que el poema del *tú* es obsoleto
y el poema de *él, ella, nosotros* obsoleto—pene y vagina,
boca, ano, manos
se aferran unos a otros a la querida vida,
obsoleto todo lo que sueña,
todo menos lo que en los viejos tiempos llamábamos "amor."

Now Johann Sebastian Bach
is a verb. Bach you! Bach you!
So help us or don't help us, God,
we have the luxury of tears, others weep
with fluttering wings, falling leaves, so help us
or don't help us, God,
breaking my vow, so help me God.

Ahora Johann Sebastian Bach
es un verbo. ¡Bach a vos! ¡Bach a vos!
Así que Dios, ya sea que nos ayudes o que no nos ayudes,
contamos con el lujo de las lágrimas, otros sollozan
con alas que se agitan, con la caída de sus hojas,
así que con tu ayuda o sin ella, Dios mío,
rompo mi promesa y que Dios me ayude.

July 4

Thank you for the clover that bloomed today
full of bees after last night's rain. July 4th
seems just as it was under the British,
the day Jefferson, age 33, and the Fathers
signed the Declaration they wrote together,
not the rough draft
that demanded the right to close slave markets
but the soiled version I fly the flag for.
The same apple and pear trees are here.
There is a Continental Congress of birds,
seeds of equality planted by the winds,
insects and fallen fruit,
things living with and without hearts.
Some animals, bless them, are free
despite dry walls, hunters' guns and traps,
everyone a creature of the times, like us,
a few, like John Adams, farmed without slaves.
I read glacial writing, the Hudson river
demanding on granite cliffs
freedom of speech, religion, and assembly.

Often, private property was not theft,
but murder: there were promissory notes
and paper money that "bought and sold Men."
Some died in the earthquake of slavery,
some in today's after tremors,
some were burned alive, crippled, turned to stone
by the filthy-mouthed volcanoes of hate.
On the 4th of July I celebrate the preamble,

4 de julio

Gracias por el trébol que floreció hoy
lleno de abejas tras la lluvia de anoche. El 4 de julio
parece ser justo como era bajo el poder de los Británicos,
el día en que Jefferson, de 33 años y los Padres de la Patria
firmaron la Declaración que escribieron juntos,
no el borrador
que exigía el derecho de cerrar los mercados de esclavos
es por la versión en sucio por la cual yo ondeo la bandera.
Los mismos manzanos y perales están aquí.
Hay un Congreso Continental de pájaros,
semillas de igualdad plantadas por los vientos,
insectos y fruta caída,
cosas viviendo con y sin corazones.
Algunos animales, benditos sean, son libres
a pesar de las paredes secas, las pistolas y las trampas
de los cazadores,
cada uno criatura de los tiempos, como nosotros,
unos cuantos, como John Adams, labraban la tierra sin esclavos.
Yo leo la escritura glacial, el río Hudson
exigiendo sobre acantilados de granito
la libertad de expresión, religión y asamblea.

A menudo, lo de la propiedad privada no era robo,
si no más bien asesinato: habían pagarés
y dinero de papel que "compraba y vendía hombres."
Algunos murieron en el terremoto de la esclavitud,
algunos después de las replicas de los terremotos de hoy,
algunos fueron quemados vivos, lisiados, convertidos en piedra
por volcanes de odio que vomitan injurias.
El 4 de julio yo celebro el preámbulo,

the runaways, the everyday decent folks
who do not need revenge, and those who did.

I remember: via the Spanish ambassador
the Infante in '75 sent Benjamin Franklin
his translation of Sallust's *Historiae*.
Franklin sent back by packet boat his views
"the Muses have scarcely visited these remote regions"
so he provided the Continental Congress'
Declaration of Causes and Necessity of Taking Up Arms.
Washington's army was soon to escape from Brooklyn
across New York harbor because the wind
was right and there was fog. My darling Deist thought
rebellion against tyrants is obedience to God.

a los fugitivos, a la gente decente
que no necesita venganza y a aquellos que sí.

Yo recuerdo: Por medio del embajador Español
el Infante en el ´75 envió a Benjamín Franklin
su traducción de la *Historiae* de Sallust.
Franklin mandó de regreso por paquebote sus opiniones
"las Musas apenas han visitado estas remotas regiones"
así que proporcionó al Congreso Continental su propia
Declaración de Causas y Necesidad de Tomar las Armas.
El ejército de Washington estaba por escapar de Brooklyn
a través del puerto de Nueva York porque el viento
era correcto y había niebla. Franklin mi querido Deísta pensaba
que la obediencia a Dios es la rebelión contra los tiranos.

Parable of the Porcupine

The only animal that cries real tears,
my porcupine weeps in terror of Sancho, my good dog.
A crown of thorns crawls under the lilacs.
With her just-born swaddled in quills,
nursing her child, impossible piglet,
she scrawls in mud, in rodent Aramaic,
something like, "Do not touch me."
Touched by two mouths now and first needles,
bless you for hiding in your sepulcher of leaves
while Sancho, his mouth full of quills,
in faith and hope rests his painful head in my lap.

Parábola del puercoespín

El único animal que llora lágrimas reales,
la puercoespín llora de terror a causa de mi perro, Sancho.
Una corona de espinas se arrastra por debajo de las lilas.
Con su recién nacida envuelta en púas,
amamantando a su hija, la imposible cerdita
garabatea en el lodo, en Arameo de roedor,
algo como "no me toquen."
Tocada por dos bocas ahora e incipientes agujas, bendita
seas por haberte escondido en tu sepulcro de hojas
mientras Sancho, con su boca llena de púas,
con fe y esperanza descansa su adolorida cabeza en mi regazo.

Bright Day

Vivo sin vivir en mí,
y de tal manera espero,
que muero porque no muero.
         —*Santa Theresa de Ávila*

I call out this morning: Hello, hello.
I proclaim the bright day of the soul.
The sun is a good fellow
the Devil's my kind of guy. No deaths today I know.
I live because I live. I do not die
because I do not die.
In Tuscan sunlight Masaccio
painted his belief that St. Peter's shadow
cured a cripple, gave him back his sight.
My shadow is a useless asshole, a nether eyebrow.
I walk in morning sunlight,
where trees demonstrate against death.
There's danger, when I die my soul may rise in wrath.
I know the dark night of the soul
does not need God's Eye
as a beggar does not need a hand or a bowl.
In my garden, death questions every root, flowers reply.

Día Radiante

Vivo sin vivir en mí,
y de tal manera espero,
que muero porque no muero.
—Santa Teresa de Ávila

Llamo a gritos esta mañana: ¡Hola, hola!
Proclamo el día radiante del alma.
El sol es buen colega
el Diablo justo mi tipo de hombre. Hoy sé que no hay muertes.
Vivo porque vivo. No muero
porque no muero.
Bajo el sol Toscano, Masaccio
pintó su creencia en que la sombra de San Pedro
curó a un lisiado, le devolvió la vista.
Mi sombra es un culo inútil, una ceja inferior.
Camino en la luz de la mañana,
donde los árboles se manifiestan contra la muerte.
Existe el peligro de que al morir mi alma se alce en ira.
Yo sé que la noche oscura del alma
no necesita del Ojo de Dios
tal como un mendigo no requiere de una mano o un tazón.
En mi jardín, la muerte cuestiona cada raíz, las flores responden.

Parable of the Book-Man

Half man, half book, he spent the day
reading himself, the night
half in bed, half on the shelf.
He did not like to turn his own pages
so he went to sea, slept in a hammock. The Northwind
abducting Orithyia turned his pages.
The Atlantic turned him forward, backward, forward.

In a deserted forest, above the beach, a sailor
on shore leave, he sat on an oak stump,
watched a heartless fire ant
peacefully working her way down the bark.
Frightened by the book-man
she let off a God-given scent that warned
slender-waisted subjects
slowly moving a mountain down to an anthill:
Danger! Never surrender!
Their civilization, almost all female,
prospered. Even so, sisters and half sisters
battled other nations, red carpenter ants,
the dead uncountable,
while queens and gallants were safe in bed
or sipping nectar in a gorgeous peony.
Despite so many reasons to be dead,
how many reasons were there to be alive?
Book-man on the beach, his kind outlasted
by continents of ants.
The littles will outlive all tears and laughter—
nothing left with a dangerous heart.

Parábola del Hombre Libro

Mitad hombre, mitad libro, él se pasaba el día
leyéndose a sí mismo, la noche
mitad en la cama, mitad en la repisa.
No le gustaba voltear sus propias páginas
así que fue al mar, durmió en una hamaca. Bóreas, Viento del Norte
secuestrando a Oritía le da vuelta a sus páginas.
El Atlántico les da vuelta hacia delante, atrás, adelante.

En un bosque abandonado, sobre la playa, un marinero
con permiso de bajar a tierra, se sentó en un tronco de roble,
observó a una despiadada hormiga roja
que trabaja pacíficamente su camino en la corteza.
Asustada por el hombre libro
dejó salir un olor de los mil demonios que advertía
¡Peligro! ¡Nunca se rindan!
a los de cinturas delgadas
en lento desplazamiento de una montaña hacia el hormiguero.
Su civilización, casi toda femenina,
prosperó. Aún así, hermanas y medias hermanas
luchaban contra otras naciones, hormigas carpinteras rojas,
incontables los muertos,
mientras las reinas y los gallardos estaban a salvo en su cama
o sorbiendo néctar de una hermosa peonía.
A pesar de tantas razones para estar muerto,
¿cuántas razones hay para estar vivo?
El hombre-libro en la playa, su especie superada
en supervivencia por continentes de hormigas.
Las pequeñas vivirán más que la risa, que todas las lágrimas—
Nada quedará que tenga un corazón peligroso.

Still, it is and was better to be human
while God plays a game of horseshoes,
throws wreaths of life and death
around our necks, some saintly leaners.

De todas maneras ser humano es y será mejor
mientras Dios juega un juego de herrones,
lanzando guirnaldas de vida y de muerte
alrededor de nuestros cuellos que, santamente, se inclinan.

Pax Poetica

The earth needs peace more than it needs the moon,
that beauty without which the oceans lose their intellect.
Peace in bombed gardens where butterflies swoon
into the sun, living one day and dying in the shelling
of that night, where joyous rat and knife inspect
the numerous wares the dead are selling.
The earth needs peace more than it needs the moon.
Sometimes the dead lie hand in hand: six, seven, eight
after a night of minuses and endless decrease,
they do not serve, or stand or wait,
they unpeople themselves flogged in the sun.
No caesura. No rainbow. No peace.
I pity the poets who think that war will be undone
by poetry, the hate-filled world saved by music. I am one. . .
A little more time and poetry will set things straight.
It took time to find the Golden Fleece.
The useless dead hang in markets of the sun,
alone as pork thighs. Every morning comes and goes
more quickly. I know where wild thyme blows,
that naked beauty steals naked to my arms, then goes
to pay a debt to sorrow. No peace.
In a sometime-sometime land, there will be no joy in killing.
We are meant to hold each other but not for keeping;
we kill—just as the toad cannot keep from leaping.
In the grave there is no work or device
nor knowledge nor wisdom, I read in *Ecclesiastes*.
Still, fishermen lift their nets, hoist death weeping,
throw back death twinkling like a small coin into the profitless seas.

Pax Poética

La tierra requiere de paz más de lo que requiere de su luna,
esa belleza sin la cual los océanos pierden su intelecto.
Paz en jardines bombardeados donde las mariposas se desvanecen
en el sol, viviendo un día y muriendo en el bombardeo
de esa noche, donde en júbilo la rata y el cuchillo
inspeccionan numerosas mercancías que los muertos
están vendiendo.
La tierra requiere de paz más de lo que requiere de su luna.
A veces los muertos yacen lado a lado: seis, siete, ocho
después de una noche de minucias y de reducción sin fin,
ellos no sirven, ni se paran ni esperan,
ellos se despueblan azotados al sol.
Sin cesura. Sin arcoíris. Sin paz.
Me apenan los poetas fieles a la idea de que la guerra será deshecha
por la poesía, el mundo lleno de odio salvado por la música.
Yo entre ellos …
Un poco más de tiempo y la poesía pondrá orden en las cosas.
Tomó tiempo encontrar el Vellocino de Oro.
Los muertos inservibles cuelgan en los mercados del sol,
solos como muslos de puerco. Cada mañana va y viene más
rápidamente. Yo sé en donde sopla el tomillo salvaje,
aquella belleza desnuda roba desnudez a mis brazos,
luego se va a pagarle una deuda a la tristeza. Sin paz.
En la tierra de siempre alguna vez, no habrá alegría alguna en
asesinar. Estamos destinados a abrazarnos los unos a los otros
pero no para resguardarnos:
matamos—tal como un sapo no puede dejar de saltar.
Leí en el *Eclesiastés*: En la tumba no hay trabajo ni artilugio,
ni conocimiento ni sabiduría.
Aún así, los pescadores levantan sus redes, las alzan a la muerte
llorando, la devuelven centelleante como una monedita hacia los

Look, the eternal fish swims away leaping.
Moonless, we still have starlight, the aurora borealis,
fires above the Conqueror Worm and beneath
till the sun runs off with the earth in its teeth.

mares sin lucro. Miren, el pez eterno se aleja saltando.
Sin luna, todavía tenemos luz estelar, la aurora boreal
dispara por encima y por debajo del Gusano Conquistador
hasta que el sol huye con la tierra entre sus dientes.

Paper Swallow

Francisco de Goya y Lucientes,
I dedicate this paper swallow to you and fly it
from the balcony of San Antonio de la Florida
past the empty chapels of the four doctors of the church.
My praying hands are fish fins again,
one eye a lump of tar, the other hard blood,
my flapping lids sewed down to my cheekbones.
Time, the invisible snake, keeps its head
and fangs deep in the vagina of space.
Reason blinded me, banished me.
I fight the liar in me, selective desire,
my calling nightmares "dreamless sleep."
Blind, *coño*, I made a musical watch,
the image of Don Quixote points the hours,
Sancho the minute hand. I hear the right time
when I listen to my watch play church bells.
Mystery this, mystery that.
I have another watch—wolves howling and dogs barking.
Now the invisible snake swims in the Ebro.
I look out of my window to see time
as if it were not in my mouth
and all my other two-timing orifices.
Don Francisco, I swear at the feet of the dead who maim me
and the living who heal me that the least sound,
a page turning, whips me. I owe my blindness,
this paper swallow, to you, because I lived
most of my life, a *marrano*, in your deaf house.
I pull open one of my eyes like the jaws of a beast.

Golondrina de Papel

Francisco de Goya y Lucientes,
te dedico esta golondrina de papel y la echo al vuelo
desde el balcón de San Antonio de la Florida
más allá de las capillas vacías de los cuatro doctores de la iglesia.
Mis manos rezando son otra vez aletas de pescado,
un ojo un bulto de alquitrán, el otro sangre endurecida,
mis párpados que aletean cosidos hasta mis pómulos.
El tiempo, la serpiente invisible, empina cabeza
y colmillos hondamente en la vagina del espacio.
La razón me cegó, me desterró.
Lucho contra el que llevo en mí, el mentiroso, selectivo deseo,
mi llamar a mis pesadillas "sueño sin sueños."
Ciego, *coño,* yo hice un reloj musical,
la imagen de Don Quijote marca las horas,
Sancho el minutero. Escucho la hora correcta
cuando oigo a mi reloj tocar las campanas de la iglesia.
Misterio este, misterio aquel.
Tengo otro reloj: aullido de lobos, ladrido de perros.
Ahora la serpiente invisible nada en el Ebro.
Me asomo por mi ventana para ver el tiempo
como si no estuviera en mi boca
y en todos mis otros orificios canallas.
Don Francisco, juro ante los pies de los muertos que me mutilan
y de los vivos que me curan, que el más mínimo sonido,
una página dando vuelta, me azota. A usted debo mi ceguera,
esta golondrina de papel, ya que viví
la mayor parte de mi vida como *marrano,* en tu Quinta del Sordo.
Arranco un ojo abierto como fauces de la bestia.

Fantasy on a Goya Drawing

Father Goya told me
after the puppets were cut to pieces
you, Franciscan or Jew,
began the year in an ungodly place,
your head collared, protruding
from dead Rocinante's asshole,
the horse's belly lanced open
then laced with cord like a boot.
A commoner, you wrestled
through the stench, through the offal and bowels—
barking dogs around your gray head.

A week before, you did not celebrate
Christ's birthday as your own, as a Russian poet did.
You did not finish your book of unhappy deaths
as Cervantes finished his sacred, funny book, the
master, five years an Algerian slave,
his left arm sacrificed at Lepanto.

Mi papá Goya told me, under the arch
of a bridge not traveled, it was you
who killed the knight's horse
and crawled in, worked your head out
of a stained-ass window. You died living,
these your last words:
I've seen my face and a cloud reflected in a well
but only the sun and moon reflect in a puddle of blood.

Fantasía sobre un dibujo de Goya

Mi padre Goya me dijo
después de las marionetas tijereteadas,
que tú, Franciscano o Judío,
has de empezar el año en un lugar impío, tu
cabeza con collarín, protuberancia
el ano del fallecido Rocinante,
la barriga del caballo abierta con una lanza,
luego atada con un cordón como una bota.
Plebeyo, luchaste
entre el hedor, las casquerías y las entrañas—
perros que ladran alrededor de tu cabeza gris.

Una semana antes, no celebraste como algo tuyo
el nacimiento de Cristo, tal como un poeta Ruso lo hizo.
No terminaste tu libro de muertes infelices
como Cervantes terminó su humorístico, sagrado libro,
el maestro, cinco años un esclavo Argelino,
su brazo izquierdo sacrificado en Lepanto.

Mi Papá Goya me dijo, debajo del arco
de un puente sin transitar, fuiste tú
quien mató al caballo del caballero
y se arrastró dentro, asomaste tu cabeza fuera
de una ventana manchada de culo. Moriste viviendo,
estas tus últimas palabras:
He visto una nube y mi cara reflejadas en un pozo
pero únicamente el sol y la luna se reflejan en un charco de sangre.

En Zaragoza à mediados del siglo pasado, me
ssieron à un alguacil llamado Lampiños, en el cuer
ro de un Rocin muerto, y lo cosieron; toda la noche

Song of Barbed Wire

I've heard the red deer of Eastern Europe
climb with their fawns up rocky hills
to graze on poor patches of grass
rather than go down to green valleys
that once were cut off by barbed wire,
'round national borders and death camps.
They respect, fear, remember
the razor wire no longer there.

I graze on fables:
thou-shalt-nots passed on by deer-talk,
that has the sound of our long wet kisses—
buck to doe to fawn, nose to nose. I hear
commandments sent by antlers scraping trees,
received like the color of eyes.

Nazi and Stalinist barbed wire words
send me up a hill to graze.
I know my red deer-like progenitors
passed on to me a need to suck,
to be afraid of fire.
When I try to kiss my way into green valleys
I am afraid to move beyond the human,
I am not naked, wrapped in barbed razor wire.
There is an original blessing.

Canción del Alambre de Púas

He oído a los ciervos rojos de Europa del Este
escalar con sus cervatillos colinas rocosas
para pastar en parches de pobre hierba
en vez de bajar a los valles verdes
que algún día fueron aislados por alambre de púas,
alrededor de fronteras nacionales y campos de exterminio.
Ellos respetan, temen, recuerdan
el alambre de navajas ya ausente.

Yo pasto en fábulas:
Los *no-harás* que se transmiten en el lenguaje de los ciervos,
eso tiene el sonido de nuestros largos y húmedos besos:
del ciervo a la cierva y al cervatillo, de nariz a nariz. Escucho
mandamientos enviados por cuernos raspando árboles,
recibidos como el color de los ojos.

Las palabras Nazis y Estalinistas con alambre de púas
me mandan hasta una colina a pastar.
Yo sé que mis progenitores semejantes a ciervos rojos
me heredaron una necesidad de chupar,
de temer al fuego.
Cuando intento internarme a besos en los valles verdes
me da miedo moverme más allá de lo humano,
envuelto en alambre de púas, no estoy desnudo.
Hay una bendición original.

Poem

Teacher of reading, of "you will not" and "you shall,"
almighty Grammarian author of Genesis,
whether language holds three forms of the future
as Hebrew does or no future tense at all
like Chinese, may it perform a public service,
offer the protection of the Great Wall,
the hope and sorrow of the Western Wall.

Poema

Maestro de lectura, del "no harás tal y cual" y del
"habrás de," todopoderoso Gramático autor
del Génesis, si el lenguaje tiene tres formas de futuro
como el Hebreo o ninguna conjugación en futuro
como el Chino, puede que con esto lleve a cabo
un servicio público, la protección de la Gran Muralla,
y la esperanza y el sufrimiento del Muro del Oeste.

Death Is a Dream

Death is a dream. Time,
perhaps the illegitimate sister of silence,
mother of space, is seldom dealt with
as a living thing, male or female,
male and female. Time "worships language,"
does not kneel but is a passionate lover
with respect and disrespect
for what is or ever was.
Again, time lives! "Again" is a word
that tries to cage time in
as does the phrase "ever was,"
but the cage is just a grammatical mirror,
without a right or wrong

I have a lover's quarrel with the followers
of life is a dream. Time
sits at table with a musical family,
sitting and reading from left to right:
free verse, iamb, spondee, Alexandrian, trimeter,
inflected and uninflected languages,
dear cousins, ancient aunts and uncles.

In a dark, repertory theater death is a dream.
Time stands in the pit. She is also an actor.
Like the universe, the theater is empty and a full house.
The play's "The End of Everything," a light-year's farce.
The action: Rights and Wrongs, each plays the other,
changes costume on stage. Then speechless tragedy:
time measures space inch by inch—

La Muerte es un Sueño

La muerte es un sueño. El tiempo,
quizás la hermana ilegítima del silencio,
madre del espacio, pocas veces es tratada
como un ser vivo, masculino o femenino,
masculino y femenino. El tiempo "adora el lenguaje,"
no se arrodilla pero apasionadamente ama con respeto
y con falta de respeto
por lo que es o nunca fue.
De nuevo, ¡el tiempo vive! "De nuevo"
son palabras que intentan enjaular al tiempo dentro
como lo hace la frase "nunca fue,"
pero la jaula es sólo un espejo gramatical,
sin bien, sin mal.

Tengo un pleito casado con los seguidores
de la vida es sueño. El tiempo
se sienta en una mesa con una familia musical,
sentados y leyendo de izquierda a derecha:
verso libre, yambo, espondeo, Alejandrino, trímetro,
lenguas flexivas e inflexivas,
queridos primos, antiguas tías y tíos.

En un oscuro teatro de repertorio la muerte es sueño.
De pie en la platea, el tiempo. También es actriz.
Como en el universo el teatro está tan vacío como repleto.
La obra es "El Final de Todo," una leve farsa del año luz.
La acción: Lo Bueno y lo Malo, cada uno interpreta al otro,
se cambian de disfraz en el escenario.
Luego una tragedia sin palabras:
Ella, el tiempo, mide el espacio pulgada a pulgada—

the pity is, in the end she turns back,
unmeasures herself and every other thing.
Death is a dream without measure, no light-years,
no days, no meters, no milestones,
no paces, no walls or fences,
no pints or half-pints, no pounds, no ounces,
no cubits, no handbreadths.

*

Mozart's music prolongs my life,
but his *Requiem* could not prolong his.
I stand on a soapbox in Washington Square,
flying the stars and stripes.
I speak to dog-walkers, the homeless,
any passerby:
if death is a dream, it is something else,
without a face, without heaven or hell.
Death is not eternal, will dream and die.
The question is, just before death dies
is there a kind of waking up,
slapstick *Liebestod*?
Summer dresses as winter,
night and day fall in love,
die in each others arms.
I am proud time lets me stand here, sit at table
from time to time, so to speak, with the family.
We are communal, like the Jews at the Last Supper.
I had a dream I saw a giant silver sea bass
swimming in sky as if it were ocean.

lo que da lástima es, al final ella dándose vuelta,
aplazándose a sí misma y a todo lo demás.
La muerte es un sueño sin medida, sin años luz,
sin días, sin metros, sin hitos,
sin ritmos, sin paredes o cercas,
sin pintas o medias pintas, sin libras, sin onzas,
sin codos, sin palmos.

*

La música de Mozart prolonga mi vida,
pero su *Requiem* no pudo prolongar la suya.
Estoy parado sobre una tarima en Washington Square,
ondeando las estrellas y las rayas.
Hablo con los que pasean a los perros, con los sin techo,
con cualquier transeúnte:
si la muerte es un sueño, es algo más,
sin una cara, sin cielo o infierno.
La muerte no es eterna, soñará y morirá.
La pregunta es, justo antes de que la muerte muera
¿hay algún tipo de despertar,
una *Liebestod* bufonesca?
El verano se viste de invierno,
la noche y el día se enamoran,
mueren en los brazos del otro.
Estoy orgulloso de que el tiempo me deje pararme aquí,
sentarme a la mesa
y de vez en cuando, por así decirlo, en familia.
Somos de comunas, Judíos de la Última Cena.
Tuve un sueño en el que veía un róbalo plateado gigante
remontando el cielo como si fuera un océano.

56,000-Year Poem

This morning I'm part me, part anything.
In my notebook I uselessly draw
a leaf, a rat that loves a cat, Fatima's hand.
After anywhere, any place, secondhand,
I set down words on blue lines, like pigeons
flying through the open doors of the British Museum,
or crows on a fence.
I remember . . . a Renaissance painting,
three astrologers, I believe the Magi,
at rest in the desert their faces look inward,
sextant, hour glass, charts beside them—
the intelligence of clouds in the morning sky.
They cross the painted desert without words.
Beyond the reach of their prayers,
they find a Child stabled with His mother,
linger . . . witness the circumcision,
then journey homeward in the dead of winter.
I gnaw a bone of Spanish poetry.
A thousand years of illumination and wars,
the cow becomes a symbol of Christianity,
the donkey is the Jews. In my España,
protected by Maria and Guardia Civil,
at Easter they slaughter a donkey to please the Child.
Reader, come a little closer, have a whiskey.
Before the stars were named, before there was prayer,
some 55,000 years ago when there were
perhaps 10,000 worldly Homo Sapiens,
the DNA in my spit shows
my ancestors hunted in what is now Iberia.

Poema de 56,000 Años

Esta mañana soy en parte yo, en parte cualquier cosa.
En mi cuaderno dibujo inútilmente
una hoja, una rata que ama a un gato, la mano de Fátima.
Tras cualquier sitio, cualquier lugar, con mi segunda mano,
pongo palabras sobre líneas azules, como palomas
volando a través de las puertas abiertas del Museo Británico,
o cuervos sobre una barda.
Recuerdo… una pintura Renacentista,
tres astrólogos, me parece que los Magos,
en reposo, en el desierto, sus caras miran hacia adentro,
sextante, reloj de arena, cartas al lado de ellos—
la inteligencia de las nubes en el cielo de la mañana.
Cruzan el desierto pintado sin palabras.
Más allá del alcance de sus plegarias,
encuentran a un Niño en un establo con Su madre,
los rondan… presencian su circuncisión,
luego viajan de regreso a casa en la agonía del invierno.
Yo mordisqueo un hueso de poesía Española.
Mil años de iluminación y guerras,
la vaca se convierte en un símbolo del Cristianismo,
el burro es los Judíos. En mi España,
protegida por María y la Guardia Civil,
en Pascua matan a un burro para complacer al Niño.
Lector, acércate un poco más, toma un whisky.
Antes de que las estrellas fueran nombradas,
antes de que existiera la oración,
hace algunos 55,000 años cuando había
tal vez 10,000 mundanos Homo Sapiens,
ahora el ADN en mi saliva revela
a mis ancestros cazados en lo que es ahora Iberia.

Darling, hairy great-grandfather
to the hundredth power, I blow you a kiss.
I point to your nose and my nose and smile.
I point to the sun and say, *the sun, el sol.*
I point to the moon and say, *the moon, la luna.*
A democrat, I look the other way.
I see a thousand years of grandchildren.
My skull blows them a kiss. Margaret
kisses back (I hope my mother's name is still useful).
I hope she's heard of Hamlet, speaks some English.
I say to my distant granddaughter, *Jew,*
tell me what you know about the stars.
A penny for your thoughts.

Querido, bisabuelo peludo
a la centésima potencia, te soplo un beso.
Señalo a tu nariz y a mi nariz y sonrío.
Señalo al sol y digo, *el sol, the sun*
Señalo a la luna y digo, *la luna, the moon.*
Demócrata, miro hacia el otro lado.
Veo mil años de nietos.
Mi cráneo les sopla un beso. Margaret besa de vuelta
(espero que el nombre de mi madre le haya sido útil).
Espero que ella haya oído hablar de Hamlet,
que hable algo de inglés.
Le digo a mi remota nieta: *Judía,*
dime qué sabes sobre las estrellas.
Un centavo por tus pensamientos.

Seems

It doesn't take one day for water
to turn into three feet of ice.
-Chinese Proverb

Changing right to wrong takes time
or never happens. Changing wrong to right
takes longer or never happens. Life to death,
death to life is no walk in the countryside.
Under three feet of ice, an old brook flows
into an ice and snow silenced river
that empties into the understanding ocean.
Who can say, "Seems, seems, I know not seems"—
words never spoken by the Prince of Peace?
All water has a face. Oceans welcome,
do not devour rivers and brooks.
In winter, rivers and brooks
become oceans' beards and eyebrows.
Old to young happens—an old North wind
becomes a summer breeze.

Parecer

Un solo día de frío no basta para congelar
un río a tres pies de profundidad.
                    -Proverbio Chino

Cambiar lo correcto por lo equivocado o toma tiempo
o jamás ocurre. Cambiar lo equivocado por lo correcto
tarda más tiempo o nunca pasa. La vida por la muerte,
la muerte por la vida no es un paseo por el campo.
Debajo de tres pies de hielo, fluye un viejo arroyo
hacia un río silenciado por hielo y nieve
que se vacía en el tolerante océano.
¿Quién puede decir
"Parecer, parecer, yo no sé qué es parecer"—
Palabras nunca pronunciadas por el Príncipe de la Paz?
Toda agua tiene cara. Los océanos reciben,
no devoran a ríos y arroyos.
En el invierno, los ríos y arroyos
se convierten en la barba y las cejas del océano.
De viejo se pasa a joven—un viejo viento del Norte
se convierte en brisa de verano.

A Misfortune

To idle without direction is best,
forget north, east, south and west.
It's up and down, out and in,
no room at the inn, and, and
I love a Bernini fountain.
My mother still takes my hand,
leads me in and out of my mind.
My footprints are all I leave behind
any time of the night or day
waves may wash them away.
The truth: it's better to be a whale
than a snail,
better to be a bard
than a postcard,
I'd rather be this than that,
I'd rather be a shoe than a hat,
I'll take a chance
That sometime I'll dance,
Lord, sitting on the fence
is better than pretense
but there's a lot to be said for nonsense.

Una Cuita

Vagar sin rumbo, sin dar reporte
olvidar norte, este, sur y oeste.
Es arriba y abajo, adentro y afuera,
no hay cuarto en la posada y,
y la fuente de Bernini ayuda a que no muera.
Mi madre todavía besa mi frente,
me lleva dentro y fuera de mi mente.
Mis huellas son lo único reciente
Noche o día, a cualquier hora, una faz
de olas pueden despintarlas.
La verdad: es mejor ser un tiburón
que un camarón,
mejor ser un poeta
que una proxeneta,
yo prefiero ser esto que aquello,
yo prefiero ser un botín que un cuello,
Un día me atreveré
y bailaré,
Señor, sentarse en las bardas
es mejor que las horas mansas,
pero aquí sobra lo de irse por las ramas.

Two Arias

In an empty house I'm trying to sing a high F,
you've heard my baritone and bass,
tonight I'm coloratura, I'm the Queen of the Night,
from a mountaintop I reach out my arms,
open my wings, lift a clawed foot and sing:
"O do not tremble, my dear son,"
it is the penis and vagina that hear confession,
nipples are saints, the orgasm gives absolution.

Moonlight is not beyond my authority.
Still, there is a king who mounts my darkness
with lion head and eagle-claw feet—my nation.
After, later,
a certain sadness in my haunches I call dawn,
I return to my night owls, my nest of dry grass and time.
There, there. Everything comes home.

                    *

Morning, I'm a Hudson Valley baritone.
I live a mile from where, age three, I saw
my first field of wild flowers. I swooned
while my father fixed a flat tire.
Yesterday, twenty-first of June,
I drove through the woods to a concert hall,
road-side wild flowers tuned up, improvised.
I half-forgot music did not come out of
a phonograph, musicians have faces . . .
In good time, the wind blows from all directions.
I tried to live in a house with beauty
constant as gravity.

Dos Arias

En una casa vacía estoy tratando de cantar en Fa mayor,
has escuchado mi barítono y bajo,
esta noche soy coloratura, Reina de la Noche
desde la cima de una montaña extiendo mis brazos,
abro mis alas, levanto un pie engarrado y canto:
"No tiembles, querido hijo
el pene y la vagina son los que oyen la confesión,
los pezones son santos, el orgasmo otorga la absolución."

La luz de la luna no está más allá de mi autoridad.
Sin embargo, hay un rey que monta mi oscuridad con
cabeza de león y garras de águila—mi nación.
Después, más tarde,
cierta tristeza en mis ancas a la que llamo amanecer,
regreso a mis búhos nocturnos, mi nido de pasto seco y tiempo.
Ya pasó, ya pasó. Todo vuelve a casa.

*

Buenos días, soy un barítono, soy del Hudson.
Vivo a una milla de donde, a los tres años de edad, vi
mi primer campo de flores salvajes. Me extasié
mientras mi padre cambiaba una llanta ponchada.
Ayer, veintiuno de junio,
manejé a través del bosque a un auditorio,
flores salvajes al lado del camino entonaban, improvisaban.
A medias olvidé que la música no venía
de un fonógrafo, los músicos tienen caras…
Con buen tiempo, el viento sopla de todas partes.
Traté de vivir en una casa de belleza
constante como la gravedad.

I tell myself,
you're living in a child's treehouse.
I caught myself saying if I die, rather than when.
I pretended death was a supernumerary,
so I found myself weeping over little things
after I saw friends I love had little strokes.
I watched them grow thin
with occasional trouble speaking—
the thinking *prima ballerina*
has trouble going up and down the stairs.

*

Enough! There's something between gravel and semen,
between seamen and seeing men. Fantastical
sons and daughters, now that I've confused you—
I remind you, when they boiled a kid in its mother's milk,
a tribe said, "Stop!" and "Stop!" when they killed the firstborn.
In time of war, all four-year-olds ask,
"Why do they want to kill me?"
I did not tell you I fell down
ancient cobblestone steps in Jerusalem,
broke my wrist that quickly turned blue,
I wandered the streets and found cool waters,
the well of Lady Miriam (Mary) . . .
Pope John Paul flew overhead in a helicopter.
I was simply trying to make a name for myself,
following the ancient, popular belief
that each person is represented by a star
which appears at birth. Firmament of parliamentarians,
I simply want to be worthy of such an honor
when I sing, buried alone in my tomb,
man in two persons, son and holy ghost.

Me digo a mí mismo:
"Está viviendo en la casa del árbol de un niño."
Me sorprendo diciendo "¿moriré?, en lugar de ¿cuándo?
Pretendí que la muerte era una supernumeraria,
así que me encontré llorando por minuncias
tras ver a amigos queridos que sufrieron leves infartos.
Los vi crecer y hacerse delgados
con ocasionales problemas de habla—
la concienzuda *prima ballerina*
batalla al subir y bajar escaleras.

*

¡Suficiente! Hay algo entre la grava y el semen,
entre ser del mar y ser hombres. Fantásticos
hijos e hijas, ahora que los he confundido—
les recuerdo, cuando hirvieron a un niño en la leche de su madre,
una tribu dijo, "¡Paren!" y también cuando mataron al primogénito.
En tiempos de guerra, todos los niños de cuatro años preguntan,
"¿Por qué quieren matarme?"
No te he contado que me caí
en los antiguos escalones de adoquín en Jerusalén,
me rompí la muñeca que rápidamente se puso azul,
yo vagaba por las calles y encontré aguas frías,
el pozo de la Dama Miriam (María) …
El Papa Juan Pablo sobrevoló en un helicóptero.
Yo simplemente estaba tratando de hacerme un nombre,
siguiendo la antigua creencia popular
que cada persona es representada por una estrella
que aparece cuando nacemos. Firmamento de
parlamentarios,
yo simplemente quiero ser digno de tal honor
cuando canto, enterrado solo en mi tumba,
hombre en dos personas: hijo y espíritu santo.

Revenge Comedy

Running out of time,
I can keep time with my foot,
with or without a shoe.
Truth is, time keeps me.
When I was seven, my mother gave me
a Mickey Mouse watch I hated.
I purposely overwound it.

China has one time zone.
When it is 5 am in Shanghai
and the sun is rising, it is 5 am in West China,
where it is the middle of the night.
My time differs from street to street,
from one side of the room to the other.

So much happened that is always.
So much never happened that is always,
centuries when truth was painted
as the daughter of time.
Hard to believe God pays attention
to what time it is anywhere.
Running out of time,
years, degrees, minutes are dirty little words.

When I was a child I slept as a child,
the sun used to wake me and my mother.
We had intimate conversations while my father slept.
He awoke and lived with nightmares in his eyes,
perplexed, enlightened, without a Guide—

Comedia vengativa

Al estar quedándome sin tiempo,
puedo llevar el tiempo con mi pie,
con o sin zapato.
La verdad es que, el tiempo me lleva a mí.
Cuando tenía siete, mi madre me dio un reloj
de Mickey Mouse que aborrecí.
A propósito le di demasiada cuerda.

China tiene un solo huso horario.
Son las 5 am cuando el sol está saliendo en Shanghái
y son las 5 am en el Oeste de China,
donde es medianoche.
Mi tiempo difiere de calle a calle,
de un lado del cuarto al otro.

Tanto ha ocurrido que se dice siempre es así.
Tanto no ha ocurrido que también se dice siempre es así,
siglos donde la verdad era pintada
como hija del tiempo.
Difícil creer que Dios preste atención a
la hora en cualquier sitio.
Al quedarme sin tiempo,
años, grados y minutos son groserías de poca monta.

Cuando era un niño dormía como niño,
luego el sol solía despertarnos a mí y a mi madre.
Teníamos conversaciones íntimas mientras mi padre dormía.
Despertaba y vivía con pesadillas en sus ojos,
Iluminado perplejo sin guía—

son and assassin, a boy, I was his disciple.
He and I fished with copper line, a gut leader
and a spoon for landlocked salmon.
He caught one beauty. It was, he said,
the happiest moment of his life.
My father was whipped by time
and he whipped back. I was in the middle.
What was knifing him, cutting out the flesh
under his shell I never understood.

Now I wake at dawn, the sun mothers me.
My father sees to it and I say *okay*,
every day is a school day.
Until I was 50, I never wore a watch,
then like Antonio Machado, I set my watch back
24 hours. My sundial never tells lies
when the sun is down.

hijo y asesino, un niño, yo era su discípulo.
Pescábamos con una línea de cobre, una sotileza y
una cuchara para salmón cercado en tierra.
Atrapó una belleza. Era, me dijo,
El momento más feliz de su vida.
Mi padre fue azotado por el tiempo
y él azotaba de vuelta. Yo a medio camino.
¿Qué estaba apuñalándolo, cortando la carne
debajo de su caparazón? Nunca lo entendí.

Ahora que madrugo, el sol me acoge como una madre.
Cada día es un día de escuela
mi padre lo supervisa y yo digo *de acuerdo*.
Hasta que cumplí 50, nunca me puse un reloj,
luego como Antonio Machado, atrasé el mío
24 horas. Mi reloj solar nunca miente
cuando el sol se pone.

Burial of the Gravedigger's Daughter

I'll take her to the hill
Near the olive tree.
Can I do it in the daylight?
I'm afraid what I shall see.

Not all the graves I've dug,
Dry and wide and deep,
Can hold the sweetness
Of my daughter not asleep.

In our village someone
Must dig the graves for all,
Her death has just begun
Under her prayer shawl.

My shovel is my cross.
My shovel cannot bless.
My child, I must soil
Your white lace dress.

Entierro de la hija del sepulturero

Yo la llevaré al cerro
cerca del olivar.
¿A plena luz del día será que erro?
Tengo miedo de mirar.

No todas las tumbas que he cavado,
secas, anchas y profundas,
podrían contener las dulzuras
de mi hija que no se ha adormilado.

En nuestro pueblo alguien al recitar oraciones
las tumbas de todos debe cavar,
bajo su chal de oraciones
su muerte acaba de empezar.

¡A palear! Con mi cruz hago palanca,
No puedo bendecir al palear.
Tu vestido de organza blanca
hija mía, debo ensuciar.

What

My first dream came with a gift of *What?*
the infant's first wordless question.
I stand before you a sleepwalker
rubbing out, out the damned spots of yesteryear.
A saint or Zadig invented the words:
"*¿qué causa?*" "*what?*" so we might ask honest questions.
In a dream of curiosity, I ask—what,
how, who, which, where, why?
The dream of curiosity stages matters out of the question:
dramas about the living and the dead,
where each often plays the other. A little rouge,
a little powder, a change of wigs, who knows what's what?
Night changes to day, and day to night.
You think it's all sun and moon, not trickery?
True I hold the portfolio *chargé d'affaires* of my life,
but I am a corrupt official, easily bribed
by a tree into saying "beauty is the answer."
I sell visas to Anchorwhat and Paradise.

*

What is an atheist on the temple mount, and way of the cross.
What says "Rome's Wolf is younger than Manhattan's Mastodon."
Rivers of what, what, what, what,
run into the ocean, flood two thirds of the world,
"The poet is the instrument of language,
not the other way around."
Flocks of where, how, which, who, why—fill the sky,
while over Latin American jungles voiceless *Stringbirds*

Qué

Mi primer sueño vino con un regalo de *¿Qué?*
la primera pregunta sin palabras del infante.
Me presento ante ustedes como sonámbulo
frotando, frotando, las malditas manchas de antaño.
Un santo o Zadig inventó las palabras:
"*¿qué?*" "*¿causa?*" para poder hacer preguntas honestas.
En un sueño de curiosidad, yo preguntó—¿qué,
cómo, quién, cuál, dónde, por qué?
El sueño de curiosidad escenifica asuntos fuera de la cuestión:
dramas sobre los vivos y los muertos,
donde frecuentemente cada uno interpreta al otro. Labial rojo,
un poco de maquillaje en polvo, un cambio de peluca,
¿quién sabe qué es qué?
La noche cambia a día y el día a noche.
¿Piensas que no hay farsa, que todo es sol y luna?
Fiel, poseo el portafolio de *chargé d'affaires* de mi vida,
pero soy un oficial corrupto, sobornado fácilmente
por un árbol para decir "la belleza es la respuesta."
Vendo visas para entrar al Paraíso y a *Angkor-qué.*

                    ⋆

Qué es un ateo en el templo del monte, lejos de la cruz.
Qué dice: "El Lobo de Roma es más joven
que el Mastodonte de Manhattan."
Ríos de qué y qué y qué y qué,
corren hacia el océano, inundan dos tercios del mundo,
"El poeta es el instrumento del lenguaje, no al revés."
Parvadas de dónde, cómo, cuál, quién, por qué—llenan el cielo
mientras sobre las junglas latinoamericanas aves que se hablan
con las garras sobre los cables o las ramas, sin voces suenan

sound cello-like purple-feathered love calls with their wings—
now stringed instruments—a dark paradoxical gift,
like John Milton's gift of inner sight after his loss of outer sight.

*

There is no proof that reality simply is what is.
What—does not enter the past but is entered by it.
What—protects the truth by offering itself
as prey to the raptor fact.
The *Stringbird* is never caged,
as gods are caged in houses of worship.
Sometimes I hear its wings calling in the woods.
What . . . happens . . . is never quite comprehended.
What is a tree whose roots are a bear's heart;
the blood of *What* flows in mountain streams and rivers,
past spines of ocean life.
Because Proverbs says,
"The leech has two daughters—
Give and Give! . . . and the fire never says enough"—
I remember Kunitz put in a garden for Cal Lowell
and Caroline, in Ireland. When Stanley returned
in June, he found only wildflowers in rubble.
Still, walking with them across their hillside,
hell and love glances in their eyes,
there was reason to hope because of love,
laughter and nightingales, the lovers might find
the golden bough that once allowed a Roman
to pass safely through the underworld—
but dreadful, unwanted guests were coming.
What's to do? Turn the key, it may unlock or lock the door.

como chelos de plumas moradas, hacen llamadas de amor
con sus alas—ahora atadas a instrumentos de cuerda—
un paradójico regalo oscuro como el de John Milton
y su visión interna tras la pérdida de su visión externa.

*

No hay ninguna prueba de que la realidad sea sólo lo que es.
Qué no entra en el pasado pero este entra en él.
Qué protege la verdad ofreciéndose a sí mismo
como presa para el factor depredador.
Nunca enjaulan al ave que transmite tocando ramas,
en cambio los dioses son enjaulados en casas
de adoración. A veces escucho sus alas llamando
en el bosque. *Qué*... pasa... nunca es comprendido
del todo.*Qué* es un árbol cuyas raíces son el corazón de un
oso; la sangre de *Qué* fluye por los arroyos de las montañas
y los ríos, antiguas espinas de vida oceánica.
Porque el Proverbio dice:
"La sanguijuela tiene dos hijas—
¡Dame y Dame!...no se saciarán y el fuego dice basta"
Me acuerdo que Kunitz hizo en Irlanda un jardín para
Cal Lowell y Caroline. Cuando Stanley regresó
en junio, encontró sólo flores salvajes en los escombros.
Aún así, caminando entre ellas a través de su ladera,
miradas de infierno y amor en sus ojos,
había razón para tener esperanza gracias al amor,
la risa y los ruiseñores, los amantes pueden encontrar
la rama dorada que alguna vez le permitió a un romano
pasar a salvo a través del inframundo—
pero venían en camino terribles invitados indeseables.
¿Qué se puede hacer?
Dar vuelta a la llave, puede cerrar o abrir la puerta.

*

Now death is in fashion but life's not out of style,
whatever the hemline, glove or cuff.
I don't see proof death's worthwhile.
It never says *enough*.
I spit in death's ocean.
Death is time away
from here, from everywhere,
today is here,
anterior.
Life and death are hand and glove:
life's the hand, death's the glove.
What caresses my face with love
smacks it with an empty glove,
heavy as the ocean.

*

Ahora la muerte está de moda pero a la vida no le falta estilo,
cualquiera que sea el dobladillo, el guante o el puño.
No veo la prueba de que la muerte valga la pena.
Nunca dice *suficiente*.
Escupo en el océano de la muerte.
La muerte se quedó atrás en el tiempo,
de aquí, de todas partes,
hoy está aquí,
antepuesta.
La vida y la muerte son mano y guante:
la vida es la mano, la muerte el guante.
Aquello que acaricia mi cara con amor
la cachetea también con una manopla hueca,
pesada como el océano.

Why

I know my love of "whys?" is a faithless sin.
I am a worm. You, Lord, are my Robin.
I think the Holy Spirit is a Crow, a Dove, any bird.
Born beyond redemption, I will never repent,
I curl around the serpent,
temptation to temptation, disobedient.
I never swallowed that You made the firmament, Your Word
that in the beginning was the Word.
I swallow my foolish questions—many "whys?"
I pick from between my teeth the letter "y."
I am not wise. Now I am absurd.

Since there is no place in heaven for curiosity
or anyone with my beliefs,
I will take in the long haul earthly simplicity—
I will sleep with Mother Nature, my weak spot,
perhaps dreaming of questions, not in a Greek pot
but in the dirt among the leaves
parked under an apple tree to rot
in a place less pagan than hallowed ground,
never again to fool around in the company
of any living thing that fools around with me.

One day when I am far from useless,
You will throw me still wriggling in the river of loneliness
while You listen to the praise of gulls, frogs' applause.
"Why? Why? Why?" Your grand answer: "Because."
Old Fool, I have no desire for the afterlife.
I want to stay here with You, to hang around
with Your trees, Your animals and my wife.

Por qué

Sé que mi amor a los "¿por qués?" es un pecado impío.
Soy un gusano. Tú, Señor, eres mi Petirrojo.
Pienso en el Espíritu Santo como cuervo, paloma, ave.
Nacido más allá de la redención, nunca me arrepentiré,
me enredo en la serpiente,
tentación a tentación, desobediente.
Nunca me tragué que Tú hiciste el firmamento, Tu Palabra
que en el principio era la Palabra.
Me trago mis preguntas tontas—muchos "¿por qués?"
Saco de entre mis dientes la letra "é."
No siendo sabio, ahora resulto absurdo.

Ya que no hay lugar en el cielo para la curiosidad
o para cualquier persona con mis creencias,
tomaré la simplicidad terrenal a largo plazo—
dormiré con la Madre Naturaleza, mi punto débil,
tal vez soñando con preguntas, no en una olla griega
si no en la tierra entre las hojas
estacionadas debajo de un Manzano para podrirse
en un lugar menos pagano que el terreno sagrado,
para no volver a perder el tiempo en la compañía
de cualquier ser vivo que pierda el tiempo conmigo.

Algún día cuando esté lejos de ser inútil,
me tirarás todavía retorciéndome en el río de la soledad
mientras escuchas las alabanzas de las gaviotas, los aplausos
de ranas."¿Por qué? ¿Por qué? ¿Por qué?" Tu gran respuesta:
"Porque sí." Viejo Tonto, no me hace ilusión la vida después de la
muerte. Quiero que Tú te quedes aquí conmigo, para pasar el rato
con Tus árboles, Tus animales y mi esposa.

12 — Noon
12 — Mediodía

Pollen

Still, near Santa Maria in Trastevere,
I saw a painting called *No War* and another, *I Love You*,
by an American woman eating a peach.
I was reborn in old Rome, still remain,
not a marble fragment, not a painting, more like
the Cloaca Maxima, an old, stinking survivor.
Much I had seen I did not recall:
ugliness and beauty, part of me
as music, unfinished work,
the wrong note effect,
—what I wanted to forget
and what I wished to remember,
that her lips upon my flesh
said, "You are changing,"
then, "You will never change."

*

It is time to uncover the mirrors—
there is no death in the family now. It is
time we wear each other's skin,
fur, scales, feathers, our mouths covered with pollen;
let's sing insect and reptilian songs.
It is time for the carnival of love.
I describe *caprichos*, I narrate beauty I fight for—
its protagonists and antagonists battle within the poem
down in the dirt. Beauty has a tale to tell:
ugliness and terror cut out of skin
and marble—a labor Phidias knew something about.

Polen

Todavía, cerca de Santa María en Trastevere,
vi una pintura llamada *Sin Guerra* y otra, *Te amo,*
al lado de una mujer americana mordiendo un durazno.
Renací en la vieja Roma, sigo en pie,
ni un fragmento de mármol, ni una pintura, más bien
la Cloaca Máxima, un apestoso y viejo sobreviviente.
No recordaba mucho de lo que había visto:
fealdad y belleza parten de mí
como la música, inconcluso el trabajo,
el efecto de la nota equivocada,
—lo que quería olvidar
y lo que deseaba recordar,
que sus labios sobre mi piel
decían, "estás cambiando,"
luego, "nunca vas a cambiar."

*

Es tiempo de descubrir los espejos—
no hay muertes en la familia ahora.
Es tiempo de ponernos en la piel del otro,
pelaje, escamas, plumas, nuestras bocas cubiertas de polen;
cantemos canciones de insectos y reptiles.
Es tiempo para el carnaval del amor.
Describo *caprichos,* narro la belleza por la cual lucho—
sus protagonistas y antagonistas pelean dentro del poema
abajo en el polvo. La belleza tiene una historia que contar: la
fealdad y el terror se pelan de la piel
y del mármol — una labor de la cual Fidias sabía algo.

*

I can hear the earthworm's laughter.
Taught to respond to light, cut in half,
each new half responds to light—small stars.
It is time for asterisks, stars that point to human life.
May my liver, kidney and heart severed
recall good times—I was there
and I refuse to get out of here.
My head, severed from my body,
remembers love, perhaps irregular verbs.

*

What happened to pollen? We die without insects and birds.
My friend going blind thinks life is a dream.
I do not know why yet I live to say
I've gone to seed, I'm not sure of my name.
Winds carry pollen to quarreling cornfields,
on the same bush, a rose quarrels with a rose.
This dust produces that mud. I write in mud
with a stick, with my finger or my tooth.
I have found gardeners on their knees,
farm workers bent in the meat-eating sun
no less reverent than nuns. Every man's soul
is an immigrant, enters a new country
without speaking the language, works long hours,
attends night school. Reaching Paradise,
sometimes he longs for the old country, his body.

*

In my ward of ninety-some "casuals"
at St. Albans Naval Hospital
I wrote a love letter for a one-legged marine,
his good leg eaten by rats when he was in the sand under a Jeep.

*

Puedo escuchar la risa de la lombriz.
Le enseñaron a responder a la luz, cortada por la mitad,
cada mitad responde a la luz—estrellitas.
Es tiempo de asteriscos: estrellas que apuntan a la vida humana.
Que mi hígado, riñón y corazón cortados
recuerden buenos tiempos—Yo estuve ahí
y me rehúso a salir de aquí.
Mi cabeza, cortada de mi cuerpo,
recuerda el amor, tal vez verbos irregulares.

*

¿Qué le pasó al polen? Morimos sin insectos y sin pájaros.
Casi ciego, mi amigo piensa que la vida es sueño.
No sé por qué aún vivo para decir
que me he ido a sembrar, no estoy seguro de mi nombre.
Los vientos llevan polen a campos de maíz en disputa,
en el mismo arbusto, una rosa pelea con una rosa.
Este polvo produce ese lodo. Escribo en el lodo
con un palo, con mi dedo o mi diente.
He encontrado jardineros arrodillados,
granjeros agachados bajo el sol que come carne
no menos reverentes que las monjas. El alma de cada
hombre es un inmigrante, entra a un nuevo país
sin hablar el idioma, trabaja largas horas, va a la
escuela nocturna. Alcanzando el Paraíso,
a veces anhela el viejo país, su cuerpo.

*

En mi pabellón de "casuales" noventa y algo
en el Hospital Naval de St. Albans, escribí una carta
de amor para un marino cojo, bajo un Jeep, en la arena
las ratas se comieron su pierna sana.

His last name was Love. On his own,
he dictated the titles of popular songs.
A couple of days later, remaking his bed,
a nurse told me Love died, "surgical shock."
I was entangled, beaten by missing body parts.
Something of my body stays at sea, dismembered.

*

Virgil thought purple was the color of the soul.
Saint Jerome woke from a dream black and blue,
whipped at the judgment seat for reading Latin poets.
My body, bruised, turns purple, is hardly proof
my soul is at home in my body.
I walk knee-deep in a swamp, stinking of heaven.
A two-year-old child says, "How disgusting!"
I am surprised the child knows the word.
Entangled in water lilies and devil's paintbrush,
I'm up to my knees in spirit.
Yes, yes, it pleases me to go into the dark.
These words are body. I try to find something
man-made in the sun that is all over the place.

*

It's no time to die, almost everything's left undone.
Angel of Death, fly off with your black wings
with the first flock of starlings,
out of place among swans with your thick, dirty neck!
I am what others abandoned
that I save. Rather than bury my old Bible,
I leave fragile pages to songbirds
that build, warm their nests and eggs with psalms.

Su apellido era Amor. Por su cuenta
dictaba los títulos de canciones populares.
Un par de días después, rehaciendo su cama,
una enfermera me contó que Amor había muerto,
"shock quirúrgico". Yo estaba implicado,
vencido por partes del cuerpo que faltaban en torno a mí.
Algo del mío se quedó en el mar, desmembrado.

*

Virgilio pensó que el morado era el color del alma.
San Jerónimo despertó de un sueño negro y azul,
por leer poetas latinos fue azotado en el tribunal.
Mi cuerpo, magullado, se pone morado, es apenas una prueba de
que mi alma halló su casa en mi cuerpo.
En el pantano camino hasta que llegue a mis rodillas, apestando a cielo.
Un niño de dos años dice, "¡Qué desagradable!"
Me sorprende que el niño conozca la palabra.
Enredado entre lirios acuáticos y pinceles del diablo,
estoy de espíritu hasta las rodillas.
Sí, sí, me complace entrar en la oscuridad.
Estas palabras son cuerpo. Trato de encontrar algo
hecho por el hombre en el sol que está por doquier.

*

No es tiempo de morir, casi todo queda por hacerse.
¡Ángel de la Muerte, vuela con tus alas negras
con el primer rebaño de estorninos,
fuera de lugar entre los cisnes con tu ancho y sucio cuello!
Soy lo que he salvado
de lo que otros abandonaron. En vez de enterrar mi vieja Biblia,
les dejo páginas frágiles a los pájaros cantores
que construyen, calientan nidos y huevos con salmos.

Chrysalis

I wonder how my life might twine and untwine
if, like the brontosaurus, I had a second brain
to work my tail from the base of my spine.
Two egos at odds in one bed, two ids
might cause two dreams at once, hybrids,
one sweet, one nightmare: my bottom half in the mouth
of a brontosaurus, long as a railroad train.
She and I do what most would find uncouth.
Same time, I am in bed, young me with a beauty,
dreaming I'm having a birthday party—
I'm spinning, a butterfly breaks free
out of my ear that is a chrysalis,
circles the room, finds an open window, flies south
to join the millions it needs for company.
I wake, it's morning, I read, a good guess,
what I never knew I thought before: poetry—
poets who simply honor the language.
I'm a psalmist with a Miss-directed penis.
Cupid plays at cards with me for kisses.
Venus, who never spanks, spanks me,
whispers to Mars in bed, "It's time you turned the page
on Stanley being Stanley.
I thought he went out of style in the Ice Age."

Crisálida

Me pregunto cómo mi vida podría enroscarse y desenroscarse
si, como el brontosaurio, yo tuviera un segundo cerebro
para manejar mi cola desde la base de mi espina.
Dos *egos* en desacuerdo en una cama, dos *ellos*
podrían causar dos sueños al mismo tiempo, híbridos,
uno dulce, una pesadilla: de mi cintura hacia abajo en el hocico
de un brontosaurio, largo como un ferrocarril.
Ella y yo hacemos lo que a la mayoría le parecería tosco.
Simultaneamente, en la cama, mi yo joven acompañado
de una belleza, soñando que es mi fiesta de cumpleaños—
Estoy dando vueltas, una mariposa se libera
de mi oreja, es una crisálida,
da una vuelta al cuarto, encuentra una ventana abierta,
vuela al sur para juntarse
con las millones que necesita para tener compañía.
Me despierto, es la mañana, leo una buena adivinanza,
lo que nunca supe lo pensé antes: poesía—
poetas que simplemente honran al lenguaje.
Soy un salmista con un pene Miss-dirigido.
Cupido juega a las cartas conmigo me apuesta besos.
Venus, que nunca da nalgadas, me da una,
le susurra a Marte en la cama,
"Es tiempo de que des vuelta a la página
de Stanley siendo Stanley.
Pensé que él había pasado de moda en la era del hielo."

Winter

Lunatic solatic,
Mrs., Ms., Mr., Master, Misreader
I sign my name ice-skating
on a frozen pond. I skate
a letter "M," circle an "O,"
gracefully skate "S" twice.
Still when spring comes
my name will be unspelled by the sun,
ripple somewhere, water again, cloudy,
water my houseplants.
I would never skate David,
my middle Psalmist name.

Invierno

Lunático solático,
Madmoiselle, Madame, Mister, Maestro, Mal lector
firmo mi nombre patinando en hielo
sobre un estanque congelado. Patino
una letra "M," circulo una "O,"
agraciadamente patino "S" dos veces.
Aún así cuando llegue la primavera
mi nombre no será deletreado por el sol,
ondulado en algún lugar, agua de nuevo, nublado,
riega las plantas de mi casa.
Yo nunca patinaría la palabra David,
mi segundo nombre de salmista.

Letter to a Poet

1.

We never made love, but still I believe
we share some intimate knowledge,
something no one else in the world knows—
who were your next door neighbors
when you were a child and teenager,
my parents' friends.
We drove to the Chicago World's Fair
that celebrated "A Century of Progress."
(I sang on experimental television
before television, before you were born.)
I remember the sound of their voices,
Hannah's intimate laundry, her wonderful brassiere
hanging in the bathroom—
I smelled the unimaginable.
I remember decent people, that Max bought
78 turns per minute, "classical"
RCA records every week,
a painting showing a Russian maid scrubbing a cello
hung in his music room,
that Hannah gave me tomato juice,
an extraordinary kindness,
instead of half a grapefruit I hated.
Our remembering might help them out of purgatory
if Dante was right. It helps me out. How about you?

2.

Writing this letter, I was slapped in the face
by a mandrake root.
It slipped my mind
how often you came closer to the truth
by making your reader believe what never happened.

86

Carta a un Poeta

1.

Nunca hicimos el amor, sin embargo creo que
compartimos un conocimiento íntimo,
algo que nadie más en el mundo sabe—
cuando fuiste niña y adolescente,
quiénes eran tus vecinos de al lado
amigos de mis padres.
Condujimos hasta la Feria Mundial de Chicago
que celebraba "Un siglo de progreso."
(Canté en la televisión experimental
antes de la televisión pública, antes de tu nacimiento.)
Recuerdo el sonido de sus voces,
La ropa íntima de Hannah, su maravilloso *brassiere*
colgado en el baño—
Olí lo inimaginable.
Recuerdo a gente decente, a Max que compraba
cada semana "clásicos"
discos de la RCA de 78 revoluciones por minuto,
una pintura donde una sirvienta rusa limpia un violonchelo
colgado en el cuarto de música,
el que Hannah me ofreció jugo de tomate,
una amabilidad extraordinaria,
en vez de la media toronja que yo odiaba.
Nuestro rememorar podría ayudarlos a salir del purgatorio
si es que Dante tenía razón. Eso me ayuda a salir.
¿Qué tal a ti?

2.

Escribiendo esta carta, fui abofeteado en la cara
por una raíz de mandrágora.
Se me escapó de la mente
la frecuencia con la que te acercabas a la verdad
haciéndole creer a tu lector lo que nunca ocurrió.

Sometimes, lonely, or never lonely, Fernando Pessoa
accomplished this with five different names.

So your brother was born aged 8 or 10
in the intimacy of your bedroom,
you played, talked and bathed together,
your mother soaped you front and back
in an iron, lion-footed tub.
In those days, the soap was *Ivory*,
99% pure.

I will kidnap your brother,
use him as a sister, so he can help
with a poem about Lilly I can never write.
Still, your brother almost got you killed crossing the street.
You simply had to Stop, Look, and Listen to him first.
He did not cross at corners,
but he read lines to you before you wrote them.
For all I know, your neighbors had lilacs
and wild iris in their garden in Woodmere
that was farther away from the Atlantic than it is now,
but still, you could smell the salt in the air
when the fog came in.

A veces, solo, o nunca solo, Fernando Pessoa
logró esto bajo otros cinco nombres.

Así que tu hermano nació con 8 o 10 años de edad
en la intimidad de tu cuarto,
ustedes jugaban, hablaban y se bañaban juntos,
su madre los enjabonaba por delante y por detrás
en una tina de hierro, con patas de león.
En aquellos días, el jabón era *Marfil*,
99% puro.

Secuestraré a tu hermano,
en mi caso será hermana, para que pueda ayudarme
con el poema que nunca pude escribir sobre Lilly.
Aún así, tu hermano casi te lleva a la muerte al cruzar la calle.
Simplemente habría que Parar, Mirar, y Escucharlo a él primero.
Él no cruzaba en las esquinas,
pero te leía líneas antes de que las escribieras.
Que yo sepa, tus vecinos tenían lilas
e iris salvajes en su jardín de Woodmere
que estaba más lejos del Atlántico que ahora,
pero aún así, podías oler la sal en el aire
cuando entraba la niebla.

Sister Poem

My sister was a Unitarian,
she loved life, the God-given gift of the world.
She did not need Paradise to make her a Christian,
thought all religions that promised Paradise
offered a business relationship with a jealous God.
She made a funny face at the mention of early martyrs
who preferred to be fresh meat for lions
to living in the world, likely as slaves,
rather than praying for show to the Gods
Trajan or Emperor Augustus.
Her Lord preferred His followers deny Him
rather than sacrifice their lives,
He wanted the living to live, love strangers,
their neighbors, the Beatitudes.
She certainly thought it wise to hide your Judaism
from the public fires of the Inquisition;
she damned the excommunicators of Spinoza,
believed in doing what you could honorably do to
stay out of cattle cars.

When I was a small child
I thought my sister Lilly
was mysteriously related to waterlilies,
daylilies, lilies of the valley.
Imitating her handwriting, I made my first *e* and *l.*
I am ashamed, when I was seven, she was four years older,
I wrestled her to the ground to show I was stronger,
proof the state is stronger than language.
Our dog took her side, barked "get off her."

Poema a la Hermana

Mi hermana se hizo Unitaria,
amaba la vida, el regalo dado por Dios, el mundo.
No necesitaba un Paraíso para hacerla Cristiana,
pensaba que todas las religiones que prometían un Paraíso
ofrecían una relación de negocios con un Dios celoso.
Hizo una cara chistosa cuando mencionaron los primeros mártires,
que preferían ser carne fresca para los leones
que vivir en el mundo, probablemente como esclavos,
en vez de rogar por un espectáculo a los Dioses
Trajanos o al Emperador Augusto.
Su Señor prefería que sus seguidores lo negaran
 a Él antes que sacrificar sus vidas,
Él quería que los vivos vivieran, amar a extraños,
sus vecinos, las Bienaventuranzas.
Pensó con seguridad que era de sabios esconder tu Judaísmo
a los fuegos públicos de la Inquisición;
condenó a los excomulgadores de Spinoza,
creía en hacer lo que honradamente se pudiera
para mantenerse a salvo, fuera de los vagones de ganado.

Cuando era un pequeño niño
Pensé que mi hermana Lilly
estaba misteriosamente relacionada con lirios acuáticos,
lirios de día, lirios del valle.
Imitando su letra, hice mi primera *e* y *l.*
Me avergüezo: cuando tenía siete, ella cuatro años mayor,
luché con ella arrojándola al piso para probar mi fuerza,
prueba de que el Estado es más poderoso que el lenguaje.
Nuestro perro la defendió, me ladró "quítate de encima."

It was a rare day I did not ask, "Lilly read me a story."
When I stood one foot three inches taller,
she gave me her violin. When all I could play was "Long, Long Ago,"
she taught me Mozart and Bach,
that all things in the universe showed the hand of God.

Years passed. I thought prosody survives history.
She read Rimbaud to me in French and English,
and Lorca, whose photo I hung next to my bed.
My sister wrote to me, "please speak at my funeral."
Not long after, I said, "To death there is no consolation…."
I read most of the lines I just wrote.
I insisted the chapel doors and windows were open
to a congregation of birds and insects. Loners
swooped in and out from noon to sunset.
Not a drop of excrement on the mosaic floor.
A hawk dropped a live mouse that prayed to live
on her coffin. She would have liked that.

Raro era el día en que no le pedía: "Lily léeme una historia."
Cuando de pie resulté ser tres pulgadas más alto,
me regaló su violín. Eso cuando yo sólo podía tocar
"Hace mucho, mucho tiempo,"
me enseñó a Mozart y a Bach
y que todas las cosas del universo mostraban la mano de Dios

Los años pasaron. Pensé que la métrica sobrevive a la historia.
Me leyó a Rimbaud en Francés y en Inglés,
y a Lorca, cuya foto colgué al lado de mi cama.
Mi hermana me escribió, "por favor habla en mi funeral."
No mucho tiempo después, yo dije, "Para la muerte no hay consuelo…"
Leo la mayoría de las líneas que acabo de escribir.
Insistí en que las puertas y ventanas de la capilla
estuvieran abiertas
a una congregación de pájaros e insectos. Solitarios
entraron y salieron desde el mediodía hasta la tarde.
Ni una gota de excremento en el mosaico del piso.
Un halcón dejó caer a un ratón que rezaba por vivir
en su ataúd. A ella le hubiera gustado eso.

Coda

My sister Lillian was a Unitarian.
She insisted I not speak at her funeral.
She made necklaces, pressed butterflies.
Her husband invented our famous intercontinental
space rockets, miniaturized atom bombs
so they could be used as tactical weapons.
Her closest friend, who married a Haitian, and Black Americans
were not allowed in his house. She did not protest,
hold her breath, turn blue and faint,
as she did as a child to get what she wanted.
Lillian taught poetry, had four great grandchildren,
she wanted our mother to have a Unitarian funeral.
Our mother was not a Unitarian.
My sister mailed me my mother's ashes
first class. Later, I collected my dad's, buried both
side-by-side, Montauk daisies between—
their unmarked rocks not too close.

For a wedding present two years after our wedding,
my sister gave us a folded check, $25 to "buy a tree"
and a rope ladder to keep on the top floor
in case our house caught fire.
I am grateful to the poet who taught me
how to get closer to something like the truth,
that is my understanding,
an unenumerated right, protected
by the 9th amendment to the Constitution.

Epílogo

Mi hermana Lillian era Unitaria.
Insistió en que yo no hablara en su funeral.
Hacía collares, mariposas prensadas.
Su esposo inventó nuestros famosos cohetes espaciales
intercontinentales, hizo bombas atómicas en miniatura
para que pudieran ser usadas como armas tácticas.
Su amiga más cercana, se casó con un haitiano y los negros
no eran permitidos en su casa. Ella no protestó,
contuvo la respiración, se puso azul y se desmayó,
como hacía de niña para salirse con la suya.
Lillian enseñaba poesía, tenía cuatro bisnietos,
quería que nuestra madre tuviera un funeral unitario.
Nuestra madre no era una unitaria.
Mi hermana me envió por correo en primera clase
las cenizas de mi madre.
Luego, recolecté las de mi padre, enterrados los dos,
lado a lado, Margaritas de Montauk entre ellos
sus rocas sin marcar, una de otra, ligeramente separadas.

De regalo, dos años después de nuestra boda,
nos mandó un cheque doblado, $25 "para comprar un árbol"
y una escalera de cuerda para que dado el caso de que nuestra casa
se incendiara la colgáramos desde el piso de arriba.
Estoy agradecido con la poeta que me enseñó
el cómo aproximarme a algo semejante a la verdad,
es ese mi entendimiento,
un derecho sin numerar, protegido
por la 9ª enmienda a la Constitución.

A Refreshment

In our new society, all the old religious orders and titles
are ice creams: Rabbis, Priests, Mullahs,
Gurus, Buddhists, Shiites, Sunni, Dominicans, Franciscans,
Capuchins, Carmelites—ice cream,
never before have the kids had such a choice of flavors,
never before have the Ten Commandments
been so cool in summer. I believe
when the holy family rested on their flight to Egypt,
in the desert heat, they had a little mystical lemon or orange ice,
before chocolate and vanilla crossed the unnamed Atlantic.
Let us pray, not for forgiveness, but for our just dessert.

Un Refrigerio

En nuestra nueva sociedad, todas las órdenes religiosas y títulos
son helados: Conejos, Sacerdotes, Mulás,
Gurús, Budistas, Chiítas, Sinoístas, Dominicanos,
Franciscanos, Capuchinas, Carmelitas—helado,
nunca antes habían tenido los niños tanta elección de sabores,
nunca antes habían sido los Diez Mandamientos
tan atractivos en el verano. Yo creo
que cuando la familia sagrada descansó en su vuelo a Egipto,
en el calor del desierto, tomaron un poco de hielo místico de
limón o de naranja, antes de que el chocolate y la vainilla
cruzaran un Atlántico sin nombre.
Oremos, no por el perdón, acaso por nuestro postre de justos.

Visiting Star

I woke at sunrise,
fed my dogs, Honey and Margie—
to the east a wall of books and windows,
a lawn, the trees in my family,
the donkeys and forest behind the hill.
Sunlight showed itself in,
passed the China butterflies on the window
so birds watch out, don't break their necks.
On the back of a green leather chair for guests
facing me in sunlight and shadow, a sunlit Star of David,
two large hand spans square.
I call to my wife to see the star
she first thinks I painted on the chair.
Soon she catches on—no falling star.
We searched the room and outside.
How did the star come to be?
Without explanation. None.
The star visited a few minutes, disappeared,
or became invisible. Why?
I wondered if it was *le bel aujourd'hui*
or a holiday some Jews celebrate.
Playing fair, I told myself: watch out for
a crucifix anywhere before which
contrition saves condemned souls—
watch in the forest for portraits of the Virgin,
the wheel of Dharma down the road
that teaches "save all living beings,"
when the moon is full a crescent moon
reflected on a wall or lake.

Estrella Visitante

Me desperté al amanecer,
le di de comer a mis perros, —Honey y Margie—
al este una pared de libros y ventanas,
un césped, los árboles en mi familia,
los burros y el bosque detrás de la colina.
La luz del sol se dejó entrar a sí misma,
pasó por las mariposas de porcelana en la ventana
para que los pájaros se cuiden de no romper sus cuellos.
En la parte trasera de una silla para invitados de cuero verde
frente a mí en la luz del sol y en la sombra,
una Estrella de David iluminada por el sol,
dos grandes palmos forman un cuadrado.
Llamo a mi esposa para que vea la estrella
y al principio ella piensa que la pinté en la silla.
Pronto se da cuenta—ninguna estrella fugaz.
Buscamos en el cuarto y afuera.
¿Cómo pudo ser la estrella?
Ninguna explicación. Ninguna.
La estrella nos visitó unos minutos, desapareció,
o se volvió invisible. ¿Por qué?
Me pregunté si había sido *le bel aujourd'hui*
o algún día festivo que algunos judíos celebran.
Jugando limpio me dije a mí mismo: en cualquier sitio
pon atención en el crucifijo frente al cual
el arrepentimiento salva a las almas condenadas—
busca en el bosque retratos de la Virgen,
la rueda del Dharma por el camino
que enseña "salva a todos los seres vivos,"
cuando la luna está llena una luna creciente
se refleja en la pared o en el lago.

Watch for flying horses!
I read the news of commandments broken.
Thou shalt not kill.
I write between the lines
Thou shalt not steal
seventy-five years from the life of a child.
Next day, I found my Star of David
was a glass sun and star reflection of
a tinkling shimmering wind chime made in China.
A pleasing, godless today fills my study.

¡Cuidado con los caballos voladores!
Leo las noticias de mandamientos rotos.
No matarás.
Escribo entre líneas
No robarás
setenta y cinco años de la vida de un niño.
Al día siguiente, encontré que mi Estrella de David era
un vidrio donde el sol y las estrellas se reflejaban de
una tintineante y reluciente campanilla de viento hecha
en China.
Una delicia sin Dios llena hoy mi estudio.

The Carpenter

i.

That boy who made the earth and stars had to learn
to make a chair in his earthly father's shop.
Above in the hip and valley of the rafters
held fast by joints his father cut
there is a haloed dove with outspread wings.
To the boy the workbench with its candle seemed
an altar, the tools offerings. That boy
could speak the languages of Babel. "Bevel"
he learned refers to an angle not cut-square. At
first he heard angle as angel.
He heard "take the angel directly from the work,
the only precaution being that
both stock and tongue be held tight to the work…
The boat builder bevel is most venerable."
The person of the dove shook head and halo
from side to side, vented a white splash
that smelled of water lilies on the boy's cheek and shoulder.
Then a whispering Third Voice filled the workshop.
"It's time to make an Ark to hold the Torah.
Learn the try-square, hammers and nails, veneers."
It was Friday afternoon, just before sunset.
The boy went to the steps of the synagogue.
He told the gathered doctors: "God commanded Moses,
Build the Tabernacle of acacia wood, gave
exact dimensions, in cubits and hand-breadths."
The boy's mother called him:
"Carpenter, Yeshua, come to supper."

El Carpintero

i.

Ese niño que hizo la tierra y las estrellas tuvo que aprender
a hacer una silla en el taller terrestre de su padre.
Arriba en el ensamble entre las vigas
sujetadas firmemente por bisagras que su padre cortó,
hay una aureola sobre una paloma con las alas extendidas.
Para el niño la mesa de trabajo con su vela parecía
un altar, las herramientas, ofrendas. Ese niño podía
hablar los idiomas de Babel. Aprendió aprendió que
"Bevel" se refiere a un ángulo no recto.
Al principio escuchó ángulo como ángel.
Escuchó: "toma al ángel directamente del trabajo,
la única precaución es que
ambas cuñas resistan con fuerza al trabajo…
Bevel, el constructor de barcos es el más venerable."
La personificación de la paloma sacudió cabeza y aureola
de lado a lado, aventando una salpicadura blanca
que olía a agua de lirios en la mejilla y en el hombro del niño.
Luego una Tercera Voz susurrando llenó el taller.
"Es tiempo de hacer un Arca para mantener la Torá.
Aprender el uso de la escuadra, martillos,
clavos y revestimientos."
Era viernes por la tarde, justo antes del atardecer.
El niño fue a las escaleras de la sinagoga.
Le dijo a los doctores reunidos: "Dios le ordenó a Moisés
construye el Tabernáculo con madera de acacia, dio las
dimensiones exactas, en codos y palmos."
La mamá del niño lo llamó:
"Carpintero, Yeshua, ven a cenar."

ii.

At night the boy returned to the workshop.
He shoplifted himself from the Holy Books
and the forbidden Greeks. He grinned:
a god deceived his wife Hera, who threw snakes
in the crib of the misbegotten babe Heracles
who strangled them. The boy giggled at the great
deeds of Heracles and his labors, that he only
became immortal after being burned alive.
In the sawdust Yeshua smelled forests,
he could tell cedar from pine, from oak, eucalyptus.
He saw the valleys of death and life.

With his father's tools he cut dovetails,
male and female angles, lapped dovetails
that show on one face but are concealed
on the other with lap and lip, secret dovetails
where the joint is entirely hidden.
The boy had spent a sad afternoon with the people.
Why were so many ears, eyes, and hearts deaf to him?
He told them it was written in Chronicles:
"The house of the Lord is filled with a cloud…
the Lord said he would dwell in the dark cloud."
The boy had never heard the word kristianos.
He saw his face in a pail of water, a cloudless sky.
He heard a cock crow, drunken Roman soldiers
laughing in the street. It was morning.

ii.

En la noche el niño regresó al taller.
Hurtó su yo de los Libros Sagrados
y de los Griegos prohibidos. Él sonrió:
un dios engañó a su esposa Hera, que arrojó serpientes
a la cuna del bebé ilegítimo Herácles
quien las estranguló. El niño se rió de las grandes
hazañas de Herácles y sus labores, que sólo
se volvió inmortal después de ser enterrado vivo.
En el aserrín Yeshua olía bosques,
podía distinguir al cedro del pino, al roble del eucalipto.
Vio los valles de la muerte y de la vida.

Con las herramientas de su padre cortó colas de milano,
ángulos masculinos y femeninos, colas de milano traslapadas
que se muestran en una cara pero están escondidas
en la otra por piletas y bordes, colas de milano secretas
donde la bisagra está completamente oculta.
El niño había pasado una tarde triste con la gente.
¿Por qué eran tantos oídos, ojos y corazones sordos a él?
Les dijo que estaba escrito en Crónicas:
"La casa del Señor invadida por una nube…
el Señor dijo que iba a vivir en la nube oscura."
El niño nunca había oído la palabra kristianos.
Vio su cara en un balde de agua, un cielo sin nubes.
Escuchó el cantar del gallo, a soldados romanos
borrachos, riendo en la calle. Amanecía.

Drinking Song

It makes no difference if friends and family
are ashes thrown into the ocean,
or flesh and bone buried in holy ground,
their names barely attached. Awake or dreaming,
I see them as they were young and old, living
some other life, never in rags, never dressed to kill.
I don't trivialize the dead,
put them in a playground on a see-saw
or climbing a maze.
I remember their voices like
warped 78-turns-a-minute records—
stumbling voices.
I drink "to life!"
drinking a little from each glass "to death!"
because everything that is has death in it.

Look, the dead are school teachers,
they remember our names,
they grade us by number or letter;
they teach, "Fools, you don't know
how much more the half is than the whole."
The dead are trees. We are cut from their lumber.
And the dead are stars that no longer exist,
so far away their light is just reaching us.
Death is a doormat that says Welcome,
a good night's sleep, a handful of stones.
To a little death before I die! La petite mort!
Because the breast taken from the child
is a first death, I drink "to a nursing mother!"

Canción de Taberna

No importa si amigos y familia
son cenizas arrojadas al océano,
o carne y huesos enterrados en tierra sagrada,
con sus nombres apenas unidos a ellos. Despiertos o soñando,
los veo como fueron de jóvenes y viejos, viviendo
alguna otra vida, nunca en harapos, nunca vestidos para matar.
No trivializo la muerte,
los pongo en un patio, en un subibaja
o escalando un laberinto.
Recuerdo sus voces como
discos de 78 revoluciones por minuto deformados
voces tropezando.
¡Brindo "por la vida!"
Bebiendo un poco de cada vaso "¡por la muerte!"
porque todo lo que es tiene muerte dentro.

Mira, los muertos son maestros de escuela,
recuerdan nuestros nombres,
nos califican con números o letras;
enseñan, "Tontos, ustedes no saben
cuanto más es la mitad que el entero."
Los muertos son árboles. Estamos cortados de su madera.
Y los muertos son estrellas que ya no existen,
tan lejos que su luz apenas nos está llegando.
La muerte es un tapete que dice *Bienvenido*,
una buena noche de sueño, una mano llena de piedras.
¡Por una pequeña muerte antes de que muera! ¡La petite mort!
Porque el pecho que le ha sido quitado al niño
es una primera muerte, bebo "¡Por la madre que amamanta!"

and a first death the Christ child must have suffered.
I do not sing of phantom paradise
but offer a little phantom pleasure,
justice delayed—a hacksaw
for the phantom pain Ahab felt
after his severed leg was replaced by whalebone.
A hundred years! Bottoms up!

y esa primera muerte que el Cristo niño debió de haber sufrido.
No canto sobre un paraíso fantasma
pero ofrezco un poco mas que placer fantasma,
la justicia retrasada—una sierra
para el dolor fantasma que sentía Ajab
después de que su pierna cortada
fue remplazada por un hueso de ballena.
¡Cien años! ¡Salud!

Letter to Dannie Abse

Doctor, I could have asked but never did
why weren't you a teacher or a drunk?
I could have asked you about your caring for
the wounded Nazi Luftwaffe Offizier.
Poet, you wrote love poems in your old age.

Jew, not by chance your son's name is David—
honors the psalmist and Saint Davy.
We celebrate spring at the same table,
suffer the same wintry fever.
In a pub called The Good Life the landlord serves
with every glass of joy a tankard of sorrow.

Husband, I never asked about your marriage,
it would have been asking why there's morning
and evening. Welshman, we first met at Hay-on-Wye.
You said, "The Welsh are a defeated people,
they identify with victims."

I send you brotherly love.
You don't need a brother, but I do.

Carta a Dannie Abse

Doctor, pude haber preguntado pero nunca lo hice
¿por qué no fuiste un maestro o un borracho?
Te pude haber preguntado acerca de tu cuidado por
el Oficial Nazi herido de la Luftwaffe.
Poeta, escribiste poemas de amor en tu vejez.

Judío, no por casualidad el nombre de tu hijo es David—
honra al salmista y Santo Davy.
Celebramos la primavera en la misma mesa,
sufrimos la misma fiebre invernal.
En una taberna llamada La Buena Vida el dueño sirve
con cada vaso de alegría un jarro de tristeza.

Esposo, nunca pregunté acerca de tu matrimonio,
hubiera sido preguntar por qué hay mañana
y tarde. Galés, nos conocimos primero en Hay-on-Wye.
Tu dijiste, "Los galeses son personas derrotadas,
se identifican con las víctimas."

Te mando amor fraternal.
Tú no echas en falta a un hermano, yo sí.

A Kid in a "Record Crowd"

It was a little like what I feel now
walking around the City
remembering the old buildings
where new construction is going on.
It was a little like getting older.
I remember my fear as a child
being pushed by tens of thousands
at Yankee Stadium Memorial Day,
afraid of falling, being pushed over and squashed,
not being able to find my father,
some shouting, some singing in victory,
then packed in the subway back to Queens,
lucky American, far from the cattle cars,
the ovens, franks and mustard on my lips.

El niño entre una multitud que rompió record

Era un poco como lo que siento ahora
caminando por la ciudad
recordando los viejos edificios
donde se están llevando acabo nuevas construcciones.
Era un poco como envejecer.
Recuerdo ese miedo de niño
de ser empujado por decenas de miles
en el Día de los Caídos en el Yankee Stadium,
con temor de caer, de ser empujado, aplastado,
de no encontrar a mi padre,
algunos gritando, algunos cantando victoria,
luego atascados en el metro de regreso a Queens,
un americano con suerte, lejos de los vagones de ganado
y de los hornos, salchichas y mostaza en mis labios.

Jerusalem Wedding

to David Amichai

The dead poet,
father of the bridegroom,
invited the guests by printed invitation
that was placed, in love, by the son and his bride
on the father's grave the morning before the wedding.
The happy ghost of the father
attended the wedding, cried out
like Hamlet's father, "Remember me"—
but instead of asking for vengeance like the murdered king,
the five hundred guests
heard the poet's voice among the blessings.

Boda en Jerusalén

a David Amichai

El poeta muerto,
padre del novio,
convocó a los asistentes por invitación impresa
que fue colocada, con amor, por el hijo y su futura esposa
sobre la tumba del padre la mañana antes de la boda.
El fantasma feliz del padre
asistió a la boda y exclamó
como el padre de Hamlet, "Recuérdenme"—
pero en vez de pedir venganza como el rey asesinado
los quinientos invitados
escucharon, entre bendiciones, la voz del poeta.

Spring Poem for Christopher Middleton

1.

It's Monday, I phone. You answer, coughing, whisper:
"My doctor says two days and I'll be dead.
I'm afraid of falling off the bed into my grave"—
that means to me a couple of twists
of the screwdriver or monkey wrench
and you'll become unintelligibly human.

My mind is a waterbug. I write chatter… Life and death
are unhappy lovers. Is there a marriage,
is life the bride or bridegroom?
How many times can a father give the bride away?
Do life and death create a nation, like the marriage
of Fernando and Isabella--death Aragon, life Castille?
No reason, there are always the disasters of war.
Dear friend, *death is part of life* doesn't work for me.
I prefer *the end is part of the play.*

Actors and gentles, there is a change of decorum,
a grave eccentricity performed in an O.
It is winter. The sun is like a slum.
Without a bone, your frightened dog
already shakes at the stench
of your death. Without philosophy
he licks your face and feet
in hope of resurrection. A winter passion,
your life is disrobed before the public,
you are denied another Sabbath for no reason.
It should displease the Lord—this passing on
we know nothing of. I do not say the beads.
I pray there is a God of love who reads.

Poema de Primavera para Christopher Middleton

1.

Es lunes, yo llamo. Tú respondes, tosiendo, susurras:
"Mi doctor dice que dos días más y estaré muerto.
Me da miedo caerme de la cama a mi tumba"—
eso significa para mí un par de vueltas
del destornillador o de la llave inglesa
y te convertirás en un humano ininteligible.

Mi mente es un bicho de agua. Escribo parloteo…La vida y
la muerte son amantes infelices. ¿Hay un matrimonio?
¿Es la vida la novia o el novio?
¿Cuántas veces puede un padre entregar a la novia?
¿La vida y la muerte crean una nación, como el matrimonio
de Fernando e Isabel Aragón, la muerte y Castilla, la vida?
No hay caso, siempre hay desastres de guerra.
Amigo querido: No me funciona eso de que *la muerte es parte de
la vida*. Prefiero *el final es parte de la comedia*.

Actores y gentiles, hay un cambio en el escenario,
una grave excentricidad interpretada en una O.
Es invierno. El sol es como un barrio bajo.
Sin un hueso, tu perro asustado
ya se sacude por el hedor
de tu muerte. Sin ninguna filosofía
lame tu cara y tus pies
esperando tu resurrección. Una pasión de invierno,
tu vida es desvestida ante el público,
sin ninguna razón te es negado otro Shabat .
Habría de disgustarle al Señor—*este irse
del que nada sabemos*. No digo el rosario.
Rezo para que haya un Dios de amor que pueda leer.

2.

Ten winter days have passed. I phone.
I'm certain telephones don't ring
in Heaven, Hell, or Purgatory.
You answer, "Hello . . . the crisis is over.
Now my neurosurgeon says I have some time,
a day or two, a month, you never know,
. . . my handwriting is very shaky." Hurrah,
 it's March, there's reason to hope you'll see
Texas summer corn, roses in Westminster in April.
Soon, I'll send you this poem for a laugh.
Metaphor and reality have not come together.
I invented your good dog,
a gift to keep you from loneliness.

3.

(Is it better that the dead are buried
or go up in flames in clean clothes?)
In your poetry, you write under oath
not to treat as a thing of the mind
things that are of the mind only.
After their jealousy and lovemaking,
beauty and truth marry at the local registry,
take the vows of all religions,
or just have a long affair. I toast "To life!"
Christopher, brush away death by failing heart;
better Zeus, on a distant evening,
when you are surrounded by love,
ground you with a thunderbolt.
A hundred years!

2.

Diez días de invierno han pasado. Yo llamo.
Estoy seguro de que los teléfonos no suenan en
el Cielo, Infierno o Purgatorio.
Tú respondes, "Hola…la crisis ha terminado.
Ahora mi neurocirujano dice que tengo algo de tiempo,
un día o dos, un mes, nunca sabes,
… mi letra está muy temblorosa." Hurra,
es marzo, hay razón para esperar a que veas
el maíz de Texas en el verano, rosas de Westminster en abril.
Pronto, te enviaré este poema para reírnos.
La metáfora y la realidad no se han unido.
Yo inventé a tu buen perro,
un regalo para evitarte la soledad.

3.

(¿Es mejor que los muertos sean enterrados
o que ardan en llamas con ropa limpia?)
En tu poesía, escribes bajo el juramento
de no tratar como una cosa de la mente
cosas que son de la mente únicamente.
Después de sus celos y de hacer el amor,
la belleza y la verdad se casan en el registro civil,
toman los votos de todas las religiones,
o sólo tienen un largo romance. Brindo "¡Por la vida!"
Christopher, sacúdete esa muerte por insuficiencia cardiaca;
más vale que Zeus, en una tarde remota,
cuando te encuentres rodeado de amor,
te ate a la tierra con un rayo.
¡Cien años!

Spoon

for Jane Freilicher

I was scribbling "Goya painted with a spoon" when I heard Jane died,
I knew enough not to be surprised but I was.
Saturn gnawed his children without a place setting.
I never got over the Berliner Ensemble's *Mother Courage*,
when she screamed, "I bargained too much"
(for her murdered son's life).
The actress wore a wooden spoon as a broach.
So tongue tied, I kept "spoon." It is not a decoration.

Jane Freilicher painted with a spoon—
potato fields, Watermill, pink mallow,
her early painting Leda and the Swan,
nothing we see—and with everyday palette knife,
brushes or late-invented forks,
useful for painting hydrangeas and eyelashes,
proof painters work like translators,
English into Chinese, everyday English words:
daylight, flower, woman, moon
are different in Ming, Tang, and Song:
different characters, different calligraphy.

She painted with a silver or oak spoon
ponds or stars, bones were oblongs and triangles,
nothing we see. She painted light,
mastered it, was mastered by it,
moved the world by "tipping the horizon up."
My honor: from a distance she painted
my house on Mecox Bay, my Corinthian columns,

Cuchara

para Jane Freilicher

Garabateaba "Goya pintaba con una cuchara" cuando escuché
que Jane había muerto.
Sabía lo suficiente para no impresionarme pero lo estaba.
Saturno roía a sus hijos sin mantel ni cubiertos.
Nunca me repuse de la puesta en escena berlinesa
de *Madre coraje,*
cuando ella gritaba, "aposté demasiado"
(por la vida de su hijo asesinado).
La actriz llevaba por broche una cuchara de madera.
Sin habla, me quedé con "cuchara." Sin ser una condecoración.

Jane Freilicher pintaba con una cuchara—
campos de papas, molinos de agua, malva rosa,
en su obra temprana Leda y el Cisne,
nada que veamos—y con la espátula de todos los días,
pinceles o tenedores inventos tardíos,
útiles para pintar hortensias y pestañas,
prueba de que los pintores trabajan como traductores,
de inglés a chino, palabras en inglés comunes:
luz diurna, flor, mujer, luna
son diferentes en Ming, Tang y Song:
diferentes caracteres, diferente caligrafía.

Ella pintaba con una cuchara de plata o roble
estanques o estrellas, los huesos eran oblongos y triángulos,
nada que veamos. Pintaba luz,
lo dominaba, era dominada por ello,
movía al mundo "inclinando hacia arriba el horizonte."
Mi honor: desde la distancia pintaba
mi casa en la Bahía de Mecox, mis columnas Corintias,

my garden and sandspit
along the old Montauk road, my beach plums,
fireweed, roses of Sharon, day lilies, love
mostly washed out by hurricanes.
I say "my," but I never thought
I had good title to anything or anyone.
Then there was her battle of dreams
versus hallucinations, battles without a heroine,
the colors of fate, breathtaking, inevitable colors.
She would never forgive
those who think painting and poetry
function about the same as wallpaper.
Sometimes she painted small pictures
easily hidden from search parties
as Goya did, hiding from the Inquisition
because he painted nudes,
Protestant fields, Catholic fields, Jewish fields, like her.
She suffered the heresies of the Hamptons
where most painters of roses, whatever their personal faith,
and all poets, as such, are polytheists.
Again, she studied the many moods
of the sun and ocean through a window.
I studied Chinese at the Beijing railroad station,
eight thousand years or so of Chinese faces.
Every Chinese knows five cardinal relations:
ruler subject, father son, husband wife,
elder and younger brother, friend and friend.
I share the undiscovered country that begins at
the Southampton railroad station,

mi jardín y mi litoral
sobre el camino viejo de Montauk, mis ciruelas de playa,
epilobios, rosas de Sharon, lirios y amor
desteñido por huracanes.
Digo "mí" pero nunca pensé
que tuviera un buen título para nada ni nadie.
Luego vino su batalla de sueños
contra alucinaciones, batalla sin heroína,
los colores del destino te dejan sin aliento, colores inevitables.
Ella nunca perdonaría
a aquellos que piensan que pintura y poesía
funcionan como papel tapiz.
A veces ella pintaba pequeñas imágenes escondidas
fácilmente de grupos de búsqueda
como lo hizo Goya, escondiéndose de la Inquisición
ya que pintaba desnudos,
campos protestantes y católicos, campos judíos, como ella.
Estaba entre los pocos herejes de los Hamptons
donde casi todos pintaban rosas, cualquiera
que fuera su destino personal,
y todos los poetas, como tal, politeístas.
Una y otra vez, ella estudió los muchos humores
del sol y del océano a través de una ventana.
Estudié chino en la estación de ferrocarril de Beijing,
ocho mil años o algo así de caras chinas.
Cada chino conoce cinco relaciones cardinales:
gobernante sujeto, padre hijo, esposo esposa,
hermano mayor y menor, amigo y amigo.
Comparto el continente sin descubrir que empieza
en la estación de ferrocarril de Southampton,

the beauty and color of Long Island
in the mist . . .
I sit shivering with the old-timers, gossiping
about the steam engines
from Penn Station to Montauk
100 years ago, faster than now, the island's
chestnut trees harvested for firewood,
the cemeteries, a little away from the railroad tracks,
cornflowers and poppies,
off Routes 114, 27, Springs Fireplace Road,
overloaded with painters,
I kiss my Yoricks. I knew them well

*

Jane, we watched the pagan ocean
that holds bottom feeders
that thrive in fiery volcanic waters,
and birds that never come ashore.
 Often we met at the beach, half-naked,
barefooted or in sandals.
We knew where fifty-six swans nested,
that Long Island painters seldom painted the
night, or character. We chased whales,
saved wounded seals.
After an Atlantic hurricane, in our trees
with salt-drenched curled leaves,
thousands of fooled monarch butterflies gathered
on their way to Mexico.
We embraced 65 years ago—
not a long time for a redwood,
a long time for an oak or an elm.

la belleza y el color de Long Island
en la neblina…
Temblando de frío me siento con viejos amigos, parloteando
sobre los motores de vapor
de la Estación Penn a Montauk
de hace 100 años, más rápidos que ahora, los castaños
de la isla cosechados para la leña,
los cementerios, un poco alejados de las vías de ferrocarril,
amapolas y acianos,
en las Rutas 114, 27, Springs Fireplace Road,
sobrecargadas con pintores,
Beso mis Yoricks. Los conocía a fondo.

                    *

Jane, miramos el océano pagano
que contiene alimentadores del fondo
que prosperan en ardientes aguas volcánicas,
y pájaros que nunca vienen a tierra.
A menudo nos veíamos en la playa, semi desnudos
descalzos o con sandalias.
Sabíamos donde cincuenta y seis cisnes hacían su nido,
que los pintores de Long Island raramente pintaban
la noche, o el carácter. Perseguíamos ballenas,
salvábamos focas heridas.
Después de un huracán Atlántico, en nuestros árboles
con hojas rizadas empapadas de sal,
miles de mariposas monarca engañadas se reunían
camino a México.
Lo adoptamos hace 65 años—
no demasiado tiempo para un secoya,
mucho tiempo para un roble o un olmo.

The day you died,
I wish *ex cathedra,* Pope Francis said, "dogs go to heaven,"
so fawns, foxes, and rabbits aren't left behind.
You understood shadow.
At first look, you never painted sorrow.
You picked up stemless flowers, homeless
like beauties standing on street corners,
gorgeous juvenile delinquents.

El día en que moriste,
me hubiera gustado que *ex catedra,* el Papa Francisco dijera,
"los perros van al cielo,"
para que cervatillos, zorros y conejos no se queden atrás.
Entendías la sombra.
A primera vista, nunca pintaste la tristeza.
Recogiste flores sin tallo, vagabundas
como bellezas paradas en las esquinas de la calle,
hermosas delincuentes juveniles.

Poem of the Pillow

1.

I believe love saves the world from heartbreak.
I'm learning to play the concrete harp.
I'm tired of traveling by my name only.
It is time for tears held back and washed away,
days that mean "yes" and nights that mean "no."
Look, the moon never disconsonant
lies down, sleeps under a bridge.
Still, when I am asleep, at breakfast,
reading a book or walking across a street
thinking I am far from eternal sloth, a God
for his comfort will push me out of sight.

2.

Veiled Fortuna, because knowing who you were,
I made you laugh and gave you pleasure
when you opened your mortal dressing gown,
give me proof that has no text—life everlasting is
to be loved at the moment of death.
Now my thoughts drift to a Japanese woodcut:
a sacred lake, a child's sailboat, the shore
a woman's open thighs, her gorgeous vulva.
At a distance, a flowering plum mouths a tall pine.
Deep within her leaves there is a poem of the pillow.

Poema de la Almohada

1.

Creo que el amor salva al mundo de la congoja.
Estoy aprendiendo a tocar el arpa de concreto.
Estoy cansado de viajar sólo con mi nombre.
Es tiempo de lágrimas contenidas y lavadas,
días que significan "sí" y noches que significan "no."
Mira, la luna nunca asonante
se acuesta, duerme bajo un puente.
Aún así, al dormir o en el desayuno,
al leer un libro o al caminar por la calle,
al pensar que estoy lejos de la pereza eterna, un Dios
porque le da la gana me arrojará de su vista.

2.

Fortuna velada, porque sabiendo quien eras,
te hice reír y te di placer
cuando abriste tu mortal bata de vestir,
dame una prueba que no tenga texto—la vida eterna
es ser amado en el momento de la muerte.
Ahora mis pensamientos divagan a una xilografía Japonesa:
un lago sagrado, el velero de un niño, la orilla,
los muslos abiertos de una mujer, su maravillosa vulva.
De lejos, un ciruelo floreciendo desemboca en un pino alto.
En lo profundo de sus hojas hay un poema de la almohada.

Happy 87th Birthday

to Willis

Years are numbered, as if they were the same,
some leap, some scythe-carriers are lame.
You know the date you were born
but nothing that happened for a couple of years
when you started remembering—an acorn—
you became an oak—forgot miracles. Your fears:
falling and fires—you knew love
before you knew the word. Mother's milk
holds many secrets, some cruelty and milk
of human kindness. What are you made *of*?
What are you *from*? Words different as silk
from linen and wool. I send a kiss and love
by email, modern love, not Adam's stuff.
We are *of* clay, and *from* porcelain.
Death is a volcano, we must not fall in.
From now on every day is Christmas.
Amor pesetas y tiempo para gastarlas.
I believe in original blessing, not original sin.

Feliz 87º Cumpleaños

para Willis

Los años están numerados, como si fueran los mismos,
algunos saltan, algunos portadores de guadañas son cojos.
Conoces la fecha en la que naciste
pero nada que haya pasado durante un par de años
cuando comenzaste a recordar—de bellota
te convertiste en roble—olvidaste los milagros. Tus miedos:
caerte y los incendios—conociste el amor
antes de conocer la palabra. La leche materna
contiene muchos secretos, algo de crueldad y leche
de amabilidad humana. ¿De *qué* estás hecho?
¿De *dónde* eres? Palabras tan diferentes como la seda
del lino y la lana. Te envío un beso y amor
por email, amor moderno, no cosas de Adán.
Somos *de* arcilla y venimos *de* la porcelana.
La muerte es un volcán, no debemos caer dentro.
De ahora en adelante todos los días son Navidad.
Amor, pesetas y tiempo para gastarlas.
Creo en la bendición original, no en el pecado original.

Letter to a Fish

I caught you and loved you when I was three
before I knew the word death—
it was a little like picking an apple off a tree.
At 20, I caught you, kissed you, and let you go.
You swam off like quicksilver.
The Greeks thought a little like that the world began.
You splashed and smacked your tail, made a rainbow.
Funny what drowns a man gives you breath.
Where are you, in ocean, brook, or river?
You suffer danger, but cannot weep as I can.
They say one God made the Holy books.
I offer Him my flies, spinners, feathered hooks—
not prayers. I swim with you in the great beneath,
to the headwaters of the unknown, in the hours
before dawn when fish and men exchange metaphors.

Carta a un Pez

Te pesqué y te amé cuando tenía tres años
antes de conocer la palabra muerte —
fue un poco como cortar la manzana del árbol.
A los veinte, te pesqué, te besé y te dejé ir.
Como el mercurio te fuiste nadando.
Los Griegos pensaron que un poco así comenzó el mundo.
Salpicaste y chasqueaste tu cola, hiciste un arcoíris.
Curioso que lo que ahoga a un hombre te de aliento.
¿En dónde estás, en un océano, en un arroyo o un río?
Sufres peligro, pero no puedes llorar y yo sí.
Dicen que un solo hombre hizo los Libros Sagrados.
Ofrezco mis moscas, mis hilanderos, mis ganchos emplumados—
oraciones no. Nado contigo en el gran abajo,
a la cabecera de lo desconocido, en las horas antes del alba
cuando los peces y los hombres intercambian metáforas.

The Fish Answers

My school saw the Red Sea parted—you speak
to me only in North Sea everyday English
or Cape Cod American—why not ancient Greek?
I speak the languages of all those who fish
for me, and I speak Frog, Turtle, and Crocodile.
The waters are calm, come swim with me a while.
Look, the little fish will inherit the earth
and seas. Fish as you would have others fish for you!
Swallow the hook of happiness and mirth,
baited with poetry, the miraculous rescue.
I read drowned books. The Lord is many.
I heard this gossip in Long Island Sound:
Three days before he died, one Ezra Pound
told a friend, "Go with God, if you can stand the company."

El Pez Responde

Mi escuela vio el Mar Rojo separado—me hablas
solo en un inglés cotidiano del Mar del Norte
o Americano de Cape Cod—¿por qué no en griego antiguo?
Hablo los idiomas de todos aquellos que me pescan
y hablo Rana, Tortuga y Cocodrilo.
Las aguas están calmadas, ven a nadar conmigo un rato.
Mira, los pequeños peces heredarán la tierra
y los mares. ¡Pesca como te gustaría que otros pescaran por ti!
Trágate el gancho de la felicidad y la alegría,
con poesía como carnada, el rescate milagroso.
Leo libros ahogados. El Señor es muchos.
Escuché este chisme en el Sonido de Long Island:
Tres días antes de morir, un tal Ezra Pound
le dijo a un amigo, "Ve con Dios, si toleras la compañía."

Snowbound

I can't walk far or drive away.
I'm here, deep in snow.
Still, I can follow the heart
Better tan the sunny day.
Snow, rain and stars have a language
I've never heard them speak,
but they write on the earth's page, a language
they've spoken to life on earth from the start,
older than Chinese, Hebrew, or Greek.

I'm snowbound,
not sure if snow is prose—
ice, poetry—
or the other way around.
The winds live timelessly,
the weather comes and goes.
I adore a snow goddess
In her white drifting dress.

Encerrado por la nieve

No puedo caminar lejos ni irme manejando.
Estoy aquí, hundido en la nieve.
Todavía, puedo seguir al corazón
mejor que al día soleado.
La nieve, la lluvia y las estrellas tienen un idioma
que nunca había escuchado,
Pero escriben en la página terrenal, un idioma
con el que han hablado a la vida en la tierra desde el
principio, más antiguo que el chino, el hebreo o el griego.

Estoy encerrado por la nieve,
no estoy seguro si la nieve es prosa—
hielo, poesía—
o al revés.
Los vientos viven atemporalmente,
el clima viene y se va.
Adoro a una diosa de la nieve
su vestido blanco a la deriva.

Rope

If I held a rope in my mouth,
you pulled and I pulled,
I would not enjoy it for long—proof
I'm not your dog.
If you pull my tongue with your teeth
I might find it fun a little while—
proof of strength, tug of war.
Then there is a tug of peace,
a long kiss when we pull together against death
that is the opposite of everything.

Cuerda

Si sostuviera una cuerda en la boca,
jalaras tu y jalara yo,
no lo disfrutaría por mucho tiempo —la prueba:
no soy tu perro.
Si tiras de mi lengua con tus dientes
podría encontrarlo divertido por un rato—
prueba de fortaleza, tira y afloja.
Luego hay un tira y afloja de paz,
un beso largo cuando jalamos juntos contra la muerte
que es lo opuesto a todo.

Silent Poem

I never took a vow of silence, but I am silent.
I walk thoughtlessly and thoughtfully through forests.
Sometimes I have nothing I want to say out loud.
I want my body alone to talk for me:
to touch, to hold, to love. My tongue can say a lot
without words. My hands have never prayed
or fingered holy tassels. My eyes, my ears, my nose
gossip about who I am, my nonsense.
I may be silent out of cleanliness,
respecting things unnamed, the simple truth
without words, beginnings without words,
silence I hear, silences I keep secret.
I confess I shout in fury like a woman scorned.
I am for beautiful madness, fair play,
reversals in social status,
like Don Quixote dedicating his quest
to Dulcinea, a kitchen wench. I assuage
the ludicrous monsters of eternal life—
a three-legged priest.

Poema Silencioso

Nunca tomé un voto de silencio, pero soy silencioso.
Camino sin pensar y al pensar a través de los bosques.
A veces no tengo nada que quiera decir en voz alta.
Quiero que sólo mi cuerpo hable por mí:
que toque, que sostenga, que ame.
Mi lengua puede decir mucho
sin palabras. Mis manos nunca han rezado
o tocado con los dedos borlas sagradas.
Mis ojos, mis oídos, mi nariz
chismean sobre quien soy, mis tonterías.
Puede que sea silencioso debido a la limpieza,
respetando a las cosas que no tienen nombre, la verdad simple
sin palabras, comienzos sin palabras,
escucho el silencio, silencios que mantengo en secreto.
Confieso que grito con furia como una mujer despechada.
Estoy a favor de la bella locura, del juego limpio,
aprietos del estatus social,
como Don Quijote que dedicó su búsqueda
a Dulcinea, una sirvienta casquivana. Aplaco
al ridículo monstruo de la vida eterna—
un sacerdote de tres piernas.

Signifier

Ill-mannered, it might have been a death,
a sudden inhaling and exhaling, something before,
after, or during speech, not a word,
nothing to do with discourse, not a breath,
yet a blessing to a drowning man. A blessing
to the infant after the mother's breast.
I sing not of the wrath of Achilles
but of thin air and effect, a kind of aftertaste
that may be veiled, suppressed with a finger
to the lips, a sign of a certain changing, as water changes,
not tide, not pulse, not from the heart at all,
but a sign of life, a mumble within the body,
invisible, unintelligible, comic perhaps,
a poor, strutting player, signifying something,
unpersuasive, possessing tone, pitch, distantly
related to the yawn, the ah, without ecstasy,
no more important than this Pounding
base bass voice.

Significante

Sin modales, pudo haber sido una muerte,
un repentino inhalar y exhalar, algo antes,
después o durante el habla, no una palabra,
nada que ver con el discurso, ni un respiro,
sin embargo una bendición para el que se ahoga. Una bendición
para el infante tras beber del pecho de su madre.
Canto no a la furia de Aquiles
si no al aire adelgazado y al efecto, el rastro de un sabor
que puede ser cubierto, suprimido con un dedo
hacia los labios, un signo de cierto cambio, como cambia el agua,
no la marea, no el pulso, no del corazón en lo absoluto,
pero un signo de vida, un murmullo dentro del cuerpo,
invisible, ininteligible, cómico tal vez.
Un pobre, jugador pavoneándose, señalando algo,
sin persuasión, poseyendo tono, registro, distantemente
relacionado al bostezo, al ah, sin éxtasis,
no más importante que este martilleo de Pound,
que esta voz de bajo.

Pacemaker

1.

I take no pleasure in saying
I'm not a pacemaker or stallion on a dead run,
part of my history,
without a halter, when I was 23,
I pulled a wagon
from 10 Quai Voltaire,
desk, books, and pretty dresses,
to 13 bis Rue de Tournon.
I stir the summer dust:
a lady said she heard my heart
beating across the room.

2.

Years past, sometimes on a dead run, a dead walk,
I fainted like a Victorian girl.
Now, I wear a pacemaker connected to my heart
by reins and wires that protect my heart from beating
37 irregular beats per minute.
Yesterday, tomorrow, today
my heart is fixed.
My pulse, andante, seldom allegro,
continues with its versification.
Lady with the sweet countenance of a soup spoon,
lead my heart through enjambment, spondaic,
iambic syllable count, in and out of schemes,
to the last syllable of my heartbeat,
awake and asleep in praise.

Marcapasos

1.

No me da placer decir
que no soy un marcapasos o un semental marcando
la pauta en una carrera mortal,
parte de mi historia,
sin un cabestro, cuando tenía 23 años,
jalé un vagón
desde el 10 Quai Voltaire,
mesa, libros y bonitos vestidos,
hasta el 13 bis Rue de Tournon.
Revuelvo el polvo del verano:
una señora dijo que escuchó el latir de mi corazón
desde el otro lado del cuarto.

2.

Los años pasaron, a veces en una carrera contra la muerte,
una caminata de muerte,
me desmayé como una niña Victoriana.
Ahora, uso un marcapasos conectado a mi corazón
con riendas y alambres que protegen a mi corazón contra latir
37 latidos irregulares por minuto.
Ayer, mañana, hoy
mi corazón está reparado.
Mi pulso, andante, raramente alegro,
continúa con su versificación.
Una dama con el dulce semblante de una cuchara sopera,
conduce mi corazón a través del encabalgamiento, espondeo,
cuenta de la sílaba yámbica, dentro y fuera de las conspiraciones,
hasta la última sílaba de mis latidos,
despierto y dormido en alabanza.

Granite

When I was five I loved climbing a granite boulder,
almost a mountain. I kissed it and grown-ups laughed.
Standing on top, almost naked,
I could see to the other side of the lake,
the lily-pads and forests. I felt immortal.
My father spent that summer
in Venice and Vienna.

I remember an August storm, I was in the clouds
surrounded by my thunder, lightning, and rain.
I loved that, but I lost my footing,
slipped down, tore the skin off my back.
I still have the scars and the granite dust in
the scars under my shirt.

Today I returned to the lake,
paddled along the shore. I had to trespass,
but I found my granite boulder.
I kissed her again.
Who else can I kiss that I kissed when I was five?
I kissed the flowers in her mortal crevices.
Does she dream she is a dancer, alabaster?
I held my boulder close as I could.

Granito

Cuando tenía cinco amaba escalar un peñasco de granito,
casi una montaña. Lo besaba y los adultos se reían.
Parado en la cima, casi desnudo,
podía ver al otro lado del lago,
nenúfares y bosques. Me sentía inmortal.
Mi padre pasó ese verano
en Viena y Venecia.

Recuerdo una tormenta de agosto. Yo estaba en las nubes
rodeado de lluvia y truenos y rayos.
Amaba eso, pero perdí mi punto de apoyo,
me resbalé, rasgué la piel de mi espalda.
Aún tengo heridas y el polvo de granito
en las cicatrices bajo mi camisa.

Hoy regresé al lago,
pedaleé por la orilla. Tuve que transgredir
la propiedad, pero encontré mi peñasco de granito.
Lo besé otra vez.
¿A quién más puedo besar que haya besado
cuando tenía cinco años?
Besé las flores en sus mortales grietas.
¿Acaso sueña que es una bailarina de alabastro?
Sostuve mi peñasco lo más cerca que pude.

Sunset — Night
Ocaso — Noche

Hell

thanks to George Herbert's "Heaven"

O who shall show me such suffering?
Echo.   Ring.
You, Echo, immortal clown all men know.
Echo.   No.
Still in the mountains don't you die away?
Echo.   Way.
I wept when the King of Jews came harrowing.
Echo.   Rowing.
Prophets of slavery and war I applaud:
Echo.   Laud.
those who celebrate Christmas
Echo.   Mass.
by first cutting down a tree
Echo.   Tree.
rather than planting an evergreen.
Echo.   Green.
To celebrate peace on earth
Echo.   Earth.
I take gifts to the rich then sing
Echo.   Sing.
Come all ye faithful…
Echo.   Full.
Tell me what is the supreme horror?
Echo.   Or.
The truth, God the clown created us

Infierno

en deuda con "Cielo" de George Herbert

¿Quién me mostrará tanto sufrimiento?
Eco.   Escarmiento.
Tú, Eco, payaso inmortal que todos los hombres conocen.
Eco.   Rocen.
Aún en las montañas ¿no te mueres de cualquier manera?
Eco.   Pantera.
Lloré cuando el Rey de los Judíos vino desgarrándose.
Eco.   Borrándose.
Profetas de la esclavitud y de la guerra yo aplaudo:
Eco.   Raudo.
aquellos que celebran la Navidad
Eco.   Santidad.
primero cortando un árbol
Eco.   Árbol.
en lugar de plantar uno verde.
Eco.   Verde.
Para celebrar la paz en la tierra
Eco.   Tierra.
llevo regalos a los ricos y luego canto
Eco.   Canto.
Vengan vosotros los fieles…
Eco.   Rieles.
Dime ¿cuál es el horror supremo?
Eco.   O.
La verdad, Dios ese payaso que nos hizo nosotros.
Eco.   Nosotros.

Echo.   Us.
for laughter not for praise that he abhors.
Echo.   Whores.
The business of the soul is live for profits.
Echo.   Fits.
Onward indifference! Starvation! Fiery justice!
Echo.   Ice.
A touch of kindness makes the devil fart.
Echo.   Art.

Eco.   Nosotros.
Es por risa no por alabanza que él abjura.
Eco.   Jura.
El negocio del alma es vivir para lucrar.
Eco.   Lucrar.
¡Indiferencia progresiva! ¡Hambre! ¡Justicia ardiente!
Eco.   Ferviente.
Un toque de amabilidad hacia el diablo lo parte.
Eco.   Arte.

I Sit Much with My Dog

When I write at home my dog is not far off.
When I read poems aloud, mine or others',
I sometimes scare him. If I had a house I would
let him outside on such occasions,
but in my apartment, he's stuck with me.
My dog, alas, is stuck with poetry,
as I am. I read a poem
that is a hearty call in the night.
My dog becomes morbid. I think
I'm getting an inch closer to God.
My dog thinks I'm angry at him,
doesn't know what to do, or what to stop doing.
He just looks up and can't help it.
I call him over in the middle of my reading, reassure
him that I am still my smelly self, but there is
something changed between us. As soon as I begin to
read out loud, he thinks something's wrong, or
something's about to happen. Sancho, if I knew how,
I'd write you a dog poem. Somehow I know there is
something I can never make up to you,
that sniffing after beauty I terrorize you.

A menudo me siento con mi perro

Cuando escribo en casa mi perro no está muy lejos.
A veces lo asusto, cuando leo poemas en voz alta,
míos o de otros.
Si tuviera una casa lo dejaría
salir en ciertas ocasiones,
pero en mi apartamento, está pegado a mí.
Mi perro, por desgracia, está tan varado en la poesía,
como lo estoy yo. Leo un poema
que es en la noche una corazonada de salud.
Mi perro se vuelve mórbido. Creo que
me estoy acercando una pulgada más a Dios.
Mi perro piensa que estoy enfadado con él,
no sabe qué hacer o qué dejar de hacer.
Él sólo mira hacia arriba y no lo puede evitar.
Lo llamo en medio de mi lectura, le aseguro
que sigo siendo el mismo maloliente, pero hay
algo que ha cambiado entre nosotros. Tan pronto empiezo
a leer en voz alta, el piensa que algo anda mal, o
que algo está a punto de suceder. Sancho, si diera con el modo,
te escribiría un poema de perro. De alguna manera sé que hay
algo que nunca podre compensarte,
que tras olfatear la belleza, te aterrorizo.

Cautionary Tale

I said we don't know what your 63-year-old
schizophrenic son may do with his history:
he made fires in hospitals, called 911 "for company,"
cut himself, jumped out windows,
leaving behind feces in dresser drawers,
in and under the bed. Dreadful etceteras.
Mostly silent, he talks sweetly to dogs
he calls by dead dogs' names.
You said, "It snowed a foot yesterday
doesn't mean it will snow today."
I didn't say, "No snowfall ever played the piano."
We both know John Little played Bach on the piano,
went home on a weekend, killed his mother and father.
I remember, for no reason, when I was sweet and 20,
when the snow was deep in the city,
the streets at night almost empty,
I climbed the snowdrifts and sang arias from *The Magic Flute*,
recited lines from *Hamlet* and Yeats, Hart Crane.
Truth is, a good blizzard with drifts two meters high
gave me the opportunity to speak to the gods.
Snow-blind, I wish I could take your hand,
I insist I can find the way through the blizzard of madness
down the road to the mailbox.
I will not crawl into a schizophrenic cage
with you and His Majesty.

Cuento admonitorio

Yo dije, no sabemos lo que tu hijo esquizofrénico
de 63 años podría hacer con su vida:
Ya incendió hospitales, llamó a Urgencias "por compañía,"
se tasajeó, saltó de ventanas,
dejando atrás heces en los cajones,
por encima y por debajo de la cama. Terribles etcéteras.
Generalmente silencioso, le habla dulcemente a perros
a los que llama por el nombre de perros ya muertos.
Tú dijiste, "Nevó un pie ayer
no significa que vaya a nevar hoy."
Yo no dije, "Jamás una nevada ha tocado el piano."
Sabemos que el pequeño John tocaba Bach en el piano,
y un fin de semana fue a casa, mató a su madre y a su padre.
Recuerdo, sin razón, que cuando tuve 20 años y fui dulce,
cuando la nieve era profunda en la ciudad,
las calles en la noche casi vacías,
trepaba los lomos de nieve y cantaba arias de *La flauta mágica,*
recitaba líneas de *Hamlet*, Yeats y Hart Crane.
La verdad es que una buena tormenta de nieve a dos metros
de altura me dio la oportunidad de dirigirme a los dioses.
Cegado por la nieve me gustaría poder tomar tu mano,
insisto en dar con el camino a través de la tormenta de la locura
en el sendero hacia el buzón.
No me arrastraré contigo y con su majestad
dentro de una jaula esquizofrénica.

Song of Jerusalem Neighbors

What proves I am not your enemy?
Our dogs fight. Your music gets in my hair,
you think my voice has a bad odor.
Your laundry hanging or drying on the ground
looks like mine. My prayer shawl is invisible,
I'll be buried in it—your Islamic robe
covers you with clouds. I look at your wife's red bra,
you look at my wife's black lace panties.
We each have handkerchiefs for weeping.
We are suspicious of cans and pots
of geraniums, blue and pink anemones.
Who brought 613 laws to the Sinai,
red ants? I don't gloat when it rains
only on my side of the barbed wire.
When I broke my arm I thought
something in your eye twisted it.

I thought your baby was beautiful—
I don't want her to kill anybody.
You say, "Unless I get to you first. This is
middle-class donkey shit."
Neither of us curses in his own language.
Jehovah and Allah are lollipops
for the motherfuckers who find war
sexually attractive.

Canción de los vecinos de Jerusalén

¿Qué prueba que no soy tu enemigo?
Nuestros perros se pelean. Tu música riza mi pelo,
crees que mi voz despide un mal olor.
Tu ropa sucia colgada o secándose en el piso
se parece a la mía. Mi talit es invisible,
me enterrarán con el—tu bata islámica
te cubre de nubes. Miro el corpiño rojo de tu esposa,
tu miras las bragas de encaje negro de la mía.
Cada uno tenemos un pañuelo para llorar.
Sospechamos de aquellas latas y cacerolas
donde plantaron geranios, anémonas azules y rosas.
¿Quién trajo 613 leyes al Sinaí,
las hormigas rojas? No me regodeo cuando sólo llueve
de mi lado del alambre de púas.
Cuando me rompí el brazo pensé
que tu ojo lo había torcido.

Pensaba que tu bebé era hermosa—
no quiero que la mate a nadie.
Tú dices, "A menos que yo te agarre primero. Esto es
mierda de burro de clase media."
Ninguno de los dos insulta en su propio lenguaje.
Jehová y Alá son postres
para los hijos de puta que encuentran la guerra
sexualmente atractiva.

Affluent Reader

to Oliver Sacks

I borrowed a basket of grapes, I paid back in wine.
I borrowed a pail of milk, I paid my debt in Gorgonzola.
I borrowed my life, I tried to pay back in poetry:
an autumn breeze blew my poems away—
dry leaves, *insufficient funds*.
I'm still in debt for my life.
God is a lender, has a pawnshop,
hangs out the sun and moon, his sign.
He is in business 'round the clock:
I receive summons after summons
often in the middle of the night
demanding payment dollar for dollar,
for every year every minute and heartbeat
for every penny of my life—my death
plus interest: usurious eternity.

Lector Afluente

para Oliver Sacks

Tomé prestada una canasta de uvas, pagué de vuelta con vino.
Tomé prestado un balde de leche, pagué mi deuda con Gorgonzola.
Tomé prestada mi vida, traté de pagarla con poesía:
una brisa de otoño hizo que mis poemas volaran—
hojas secas, *fondos insuficientes.*
Aún debo mi vida.
Dios es un prestamista, tiene una tienda de empeños,
cuelga afuera el sol y la luna, su letrero.
Abre las veinticuatro horas:
recibo cita tras cita
a menudo a mitad de la noche
exigiendo un pago dólar a dólar,
cada minuto del año y latido a latido
por cada centavo de mi vida—mi muerte
más intereses: eternidad usurera.

The American Dream

Stuck in my suburban flesh and marrow,
the static news of mass murder, Blitz, burning ghettos . . .
At fifteen I made love in deep snow
in moonlight. I did not go all the way,
betraying myself, Claire McGill and poetry.
She was seventeen half naked used her tongue.
It would have been a miracle, my first time,
not hers. Is she alive, does she remember?
I raved about Lorca and Rimbaud.
It would not be long. I learned to kill before I learned to rhyme.

I limp into her chamber, a goat with old horns.
I think she will recognize my ghost, young,
able to make her laugh, among the coterie
of ghosts she did it with, while I cavorted
with Maria de las Nieves, Eros of the snow,
obeyed the commandment Djuna Barnes
gave me when I was 27, waving goodbye
with her walking stick, "Follow the heart, follow the heart!"

My heart led me to illusion, but it didn't lie.
I was manned, boyed, womaned and girled.
I learned to trust trees, blind trees, lonely trees,
forests. I rely on their wisdom—as I will after I die.
Today a child asked me, "How much love is in a kiss?"
I said: "I don't know." She said, "The whole world."

El sueño americano

Atrapado en mi carne y hueso de suburbio,
las estáticas noticias de una masacre,
bombardeos, guetos en llamas…
A los quince hice el amor en lo profundo de la nieve
bajo la luz lunar. No consumé el acto,
traicionándome a mí, a Claire McGill y a la poesía.
Semidesnuda a los diecisiete usaba su lengua.
Hubiera sido un milagro, mi primera vez,
no la suya. ¿Estará viva, se acordará?
Yo despotricaba sobre Lorca y Rimbaud.
No pasó mucho tiempo. Antes que a rimar aprendí a matar.

Cojeo hacia su cuarto, una cabra con cuernos viejos.
Creo que reconocerá mi fantasma, joven,
capaz de hacerla reír, entre la pandilla
de fantasmas con los cuales lo hizo, mientras yo jugueteaba
con María de las Nieves, Eros de la nieve
obedecía la orden que me dio Djuna Barnes
a mis 27 años, con la mano me decía adiós,
y con su bastón, "¡Sigue al corazón, sigue al corazón!"

Mi corazón me llevó a la ilusión, pero no mentía.
Fui hecho hombre, niño, mujer y niña.
Aprendí a confiar en los árboles ciegos, árboles solitarios,
bosques. Dependo de su sabiduría—así lo haré tras mi muerte.
Hoy una niña me preguntó, "¿Cuánto amor hay en un beso?"
Yo le dije: "No lo sé." Ella dijo, "El mundo entero."

No Tear Is Commonplace

No tear is commonplace.
The prophet said,
"Woman is the pupil of the eye."
All beauty
comes from God,
butterflies
fly from and to God one by one
and to the forests of Michoacán
where Mexicans nearby make
Jesus Christ
from parrot feathers
and wings of hummingbirds.
You can hold such a God
against your cheek,
then you are as if
under a wing,
a firstling,
warm and comforted.

No hay lágrima trillada

No hay lágrima trillada.
Dijo el profeta,
"La mujer es la pupila del ojo."
Toda la belleza
viene de Dios,
hay mariposas
que vuelan desde y hacia Dios una por una
y a los bosques de Michoacán
donde los mexicanos de las cercanías
hacen a Jesucristo
con plumas de pericos
y alas de colibríes.
Puedes poner a tal Dios
contra tu mejilla,
entonces quedas
bajo un ala,
un primogénito,
cálido y acogido.

December 8

May these words serve as a crescent moon:
in Barcelona 58 years ago today
I saw on the front page of *La Vanguardia*
beside the main altar of the cathedral
two polished cannons blessed by the Archbishop
in the name of Saint Barbara, patron
of Generalissimo Franco's artillery
on this day set aside to celebrate
the Immaculate Conception.

Today in a Greek gallery off 5th Avenue
I saw Aphrodite blinded by a Christian,
a cross chiseled into her eyes and forehead.
Outside in a hard rain, Christmas season,
no taxis. I was chased by the wind
through the open door of Saint Patrick's Cathedral.
Up since 4, I slept in the false Gothic darkness.
A bell announcing the Holy Spirit woke me
to a mass celebrating the Immaculate Conception.
Can a Jew by chance receive a little touch of absolution—
like a touch of a painter's brush
like a little touch of King Harry
visiting his troops in the night before Agincourt?
I have prayers put in my head
like paper prayers in the cracks of the wailing wall.
The heart has reason, reason does not know.

8 de diciembre

Que estas palabras sirvan de luna creciente:
en Barcelona hoy hace 58 años
vi en la primera plana de *La Vanguardia*
al lado del altar principal de la catedral
dos cañones pulidos bendecidos por el Arzobispo
en nombre de Santa Bárbara, patrona
de la artillería del Generalísimo Franco
en este día apartado para celebrar
a La Inmaculada Concepción.

Hoy en una galería griega de la 5ª Avenida
vi a Afrodita cegada por un cristiano,
una cruz cincelada sobre sus ojos y frente.
Afuera donde llueve con fuerza, época navideña,
No hay taxis. Fui perseguido por el viento
por la puerta abierta de la Catedral de San Patricio.
Despierto desde las 4, dormí en la falsa oscuridad gótica.
Una campana anunciando al Espíritu Santo me despertó
a una misa que celebraba a La Inmaculada Concepción.
¿Puede un judío por pura casualidad recibir un toque de absolución—
como el toque del pincel de un pintor
como ese pequeño toque de Enrique V
hecho con la visita a sus tropas en la víspera de Agincourt?
Tengo plegarias puestas en mi cabeza
como plegarias de papel en las grietas del Muro de las Lamentaciones.
El corazón tiene razones que la razón desconoce.

Elegy for the Poet Reetika Vazirani and Her Child

If life were just, for strangling her two-year-old child
before murdering herself, my dear friend
would be sentenced to life at hard labor:
fifty lines a day before she sleeps
in a bare room with a good library and her son's guitar.
When will she have a change of heart,
when will she take pity on those who love her,
when will the terror she caused her child no longer appear in the sky?
The sun and moon hang around absolutely without conscience.

Elegía a la poeta Reetika Vazirani y a su hijo

Si la vida fuera justa, por estrangular a su hijo de dos años
antes de suicidarse, mi querida amiga
habría sido sentenciada a una vida de trabajo forzado:
cincuenta renglones al día antes de irse a dormir
en un cuarto con una buena biblioteca y la guitarra de su hijo.
¿Cuándo dará un giro su corazón?
¿Cuándo tendrá misericordia por los que la aman?
¿Cuándo desaparecerá del cielo el terror que le causó a su hijo?
El sol y la luna merodean totalmente inconscientes.

Notices

Once an Irishman in his coffin
had to be wrapped from foot to chin
in English wool, not Irish linen.
I saw this notice: "Some striped scars on his back,
runaway slave stole himself, calls himself Jack.

Aviso clasificado

Una vez un irlandés en su ataúd
tuvo que ser envuelto de pies a barbilla
en lana inglesa y no en lino irlandés.
Vi este aviso: "Con algunas cicatrices en la espalda,
un esclavo fugitivo se robó a sí mismo,
y a sí mismo se llamo Jack."

Rival

You were always a great one with the ladies.
Toward the end you only wanted to suck
a piece of ice. Embracing no one
you could not be embraced. No one
was allowed in the room.
I watched through the glass.
A pretty nurse was washing
your last blood and excrement.
I swear she was singing.

Rival

Tú, siempre tremendo con las mujeres.
Hacia el final sólo querías chupar
un pedazo de hielo. Sin aceptar a nadie
no podías ser aceptado. Nadie
estaba permitido en tu cuarto.
Yo miraba a través del vidrio.
Una bonita enfermera lavaba
tu último excremento y sangre.
Juro que cantaba.

SM

With spray can paint,
I illuminate my name
on the subway cars and handball courts, in
the public school yards of New York,
S M
written in sky-above-the-ocean-blue,
surrounded by a valentine splash
of red and white, not for Spiritus Mundi,
but for a life and death, part al fresco
part catacomb,
against the city fathers
who have made a crime of signaling
with paint to passengers and pedestrians.
For the ghetto population of my city
I spray my name
with those who stand for a public art.
In secret if I must
and wearing sneakers, I sign with those
who have signed for me.

SM

Con pintura en aerosol,
ilumino mi nombre
en los vagones del metro y en las canchas de balonmano,
en los patios de las escuelas públicas de Nueva York,
S M
escrito con azul cielo sobre el océano,
rodeado de una salpicadura de San Valentín
en rojo y blanco, no por Spiritus Mundi,
si no por una vida y muerte, parte al fresco
parte catacumba,
contra los padres de la ciudad
que para pasajeros y peatones han convertido
en crimen el firmar con pintura.
Para la población del gueto de mi ciudad
firmo con spray mis iniciales
junto con los que apoyan el arte público.
En secreto si no hay otra opción
y con zapatos deportivos, firmo con aquellos
que han firmado en mi nombre.

Mocking Gods

Lost in the library of Alexandria, proof
Selene the moon goddess mocked Apollo
her sun god twin, each mocking the other
about mortal offsprings—
off-summers, off-autumns, off-winters.
More than "divine," an inadequate human word
for speaking about gods, all words
are mostly useless. A messenger whispered,
"That's why prayers and sacrifice
were invented."… without Apollo, simple daylight,
music and poetry, nothing on earth lives. Beautiful
beyond belief, Selene, the moon goddess,
spent years in front of her mirrors, the oceans,
so close to the earth, she said the breathing
of humans and animals sometimes kept her awake.
Crashing a feast of the gods, a mortal boy
in rapture surrendered to Selene,
who gave birth to another moonchild.
Apollo and other gods remembered
Selene had fifty daughters with Endymion.

What fools call "twenty years" passed,
the moonchild, male or female,
had a lover—pity the darling who held close
a celestial body, equally at home
on earth or sky—half a night or day,
especially since that moonchild in turn
might have a child, more mortal now
than half moon, but still mooning,
playing in the park among other children
with everyday faces.

Dioses burlándose

Perdida en la biblioteca de Alexandria, la prueba de
que Selena la diosa de la luna se burló de Apolo
su gemelo dios del sol, uno contra el otro se burlan de
sus descendientes mortales—
des-inviernos, des-otoños, des-veranos.
Más que "divino," una palabra humana inadecuada
para hablar de los dioses, todas las palabras
son en su mayoría inútiles. Un mensajero susurró,
"Es por eso que las plegarias y el sacrificio
fueron inventados"… sin Apolo, la simple luz del día,
la música y la poesía, nada en la tierra vive. Bella
más allá de la imaginación, Selena, la diosa de la luna,
pasó años frente a sus espejos, los océanos,
tan cerca de la tierra, dijo que la respiración
de los humanos y animales a veces la mantenían despierta.
Atracando un festín de los dioses, un chico mortal
en el rapto se rindió a Selena,
quien dio a luz a otro niño de la luna.
Apolo y otros dioses recordaban
que Selena había tenido cincuenta hijas con Endimión.

En tanto que los tontos dicen "veinte años" han pasado,
el hijo de la luna, masculino o femenino,
ha tenido un amante—lástima el querido que sostuvo cerca
un cuerpo celestial, de igual manera en su casa
en la tierra o en el cielo—mitad de noche o de día,
especialmente desde que el niño de la luna en turno
podría tener un hijo, más mortal ahora
que hace media luna, pero todavía en la luna,
jugando en el parque entre otros niños
con caras comunes.

Put the case: Apollo and a mortal beauty
could have twins that brighten the darkest room
or forest, who fight as brothers and sisters
to prove who is father or mother's favorite—
neither so naughty to challenge Apollo at music.
At night, the children would weep for their father,
busy with godly affairs.
The poor mortal mother mostly in the kitchen
preparing meals, finally insisted on her right
to be Jew, Christian, or Muslim
or better still, she said to the sun god, "all three!"

Today I heard the sun laugh, I swear I heard
happy thunder, thunder without anger or lightning,
and the moon laughing like Sarah
hiding behind a cloud's curtain.

Pon el caso: Apolo y una belleza mortal
podrían tener gemelos que hicieran brillar el cuarto más oscuro
o el bosque, que pelean como hermanos y hermanas
para demostrar quién es el favorito de papá o mamá—
ninguno tan desobediente para retar a Apolo en la música.
De noche, los niños llorarían por su padre,
ocupado con asuntos de los dioses.
La pobre madre mortal generalmente en la cocina
preparando comidas, insistió por fin en su derecho de
ser judía, cristiana, musulmana
o mejor aún, le dijo al dios del sol, "¡todas! ¡las tres!"

Hoy escuché al sol reírse, juro que escuché
truenos felices, truenos sin rabia ni relámpagos,
y a la luna riendo como Sara
escondiéndose tras la cortina de una nube.

Now

I am just a has been and a will be.
What *is* right now that is the question.
My fool says I should learn from today's clouds:
"The verb 'to be' is English lightning—
lightning and thunder are happily married,
their vows are storms. Now, now, Uncle,
the plural is sweet company, fair weather,
then there is the conjugation, we are, they are,
the all or none, till 'everybody' is singular again."
Fool, my fly is open, needs to be buttoned.

I enjoy the soufflé of *la vague* and *le vague,*
the feminine "wave" and masculine "indefinite."
I relish the English Christmas pudd
of nouns made into verbs and verbs into nouns.
Since childhood I've been forested,
lost in the woods of conditional verbs,
lost in the woulds, what should I do
left wandering and wondering
where is the golden fool, the sun?
The forests one summer, inflamed by false gods,
left charcoal barrens that nourish the soil.
The trees will grow another time,
a time for rhyme, and a time to run out of time—
the hours around the clock
like hyenas around a carcass.

Ahora

Soy tan sólo alguien que ha sido y alguien que será.
Lo que *es* ahora mismo esa es la pregunta.
Mi tonto dice que debo aprender de las nubes de hoy:
"El verbo 'ser' es un relámpago en inglés—
el relámpago y el trueno están felizmente casados,
sus votos son tormentas. Ahora, ahora, tío,
el plural es dulce compañía, buen tiempo,
luego está la conjugación, nosotros somos, ellos son,
el todo o nada, hasta que 'todos' sea de vuelta singular."
Bruto, mi bragueta está abierta, hay que abrocharla.

Disfruto el soufflé de *la vague* y *le vague,*
el femenino "ola" y el masculino "indefinido."
Me deleito con el pudín de Navidad inglés
de sustantivos convertidos en verbos y verbos en sustantivos.
Desde la niñez he sido bosquejado
perdido en el bosque del tiempo potencial,
perdido en los hubieras, ¿qué debería de hacer
abandonado deambulando y preguntándome
en dónde está el tonto dorado, el sol?
Los bosques un verano, inflamados por dioses falsos,
dejaron el carbón vegetal que nutre la tierra.
Los árboles crecerán en otro tiempo,
un tiempo para rimar y un tiempo sin rima, con retraso—
las horas alrededor del reloj
como hienas en torno a una carcasa.

Tightrope Walking

Tightrope walkers know
they must look at the wire a few paces ahead,
never at their feet.
Walking the high wire of poetry
you have to look at your feet,
while you can't help keeping track
of clouds moving carefully,
a lost redwing blackbird inside the tent
trying to get out,
a poet's son, a French acrobat,
wire behind you, the net below,
a pretty face in the crowd, cash receipts.
All this worthless information
does not make a poem.
It's as hard as selling old underwear
to write a poem about nothing.

Caminando sobre la cuerda floja

Los equilibristas saben
que al caminar sobre el cable deben mirar algunos pasos
hacia adelante, nunca a sus pies.
Para caminar la cuerda floja de la poesía
tienes que ver tus pies,
mientras tanto, no puedes evitar llevar la
cuenta de las nubes moviéndose prolijas,
un tordo alirrojo perdido adentro de la tienda de campaña
tratando de salir,
el hijo de un poeta, un acróbata francés,
el cable detrás de ti, la red debajo,
una cara bonita en el público, recibos de gastos.
Toda esta información sin valor
no da para hacer un poema.
Tan difícil es vender ropa interior vieja como
escribir un poema acerca de nada.

A Metaphoric Trap Sprung

Poets, step carefully, your foot, eye, ear, love
may be caught in a metaphoric trap,
like the bear's severed foot.
Crying out or laughing is no use,
the only release is writing it off.
You don't escape fatally wounded,
you can't lick the blood away.
Learning languages helps—take *work,*
whose Chinese character includes a hand.
Too heartbroken to talk?
Every muse has eight sisters.
Where love is
or has been—words,
words spoken while making love
become flesh.

Una trampa metafórica brotó

Poetas, pisen con tiento, su pie, ojo, oreja, amor
puede ser capturado en una trampa metafórica,
como el pie cortado del oso.
Llorar o reír no sirve de nada,
resulta que escribirlo es el único escape.
No huyen fatalmente heridos,
no pueden lamer la sangre.
Aprender idiomas ayuda —*trabajo*
cuyo carácter chino incluye una mano.
¿Tienen el corazón demasiado roto para hablar?
Cada musa tiene ocho hermanas.
Ahí donde está el amor
o ha estado—palabras,
palabras dichas al hacer el amor
se encarnan.

Smiles

I argued with a dear friend, a psychiatrist
who didn't think dogs smile and dream.
I told him I thought butterflies, frogs and dogs dream
and smile—that the whole Bronx Zoo is like me,
but I don't think every Greyhound bus,
cheese, beggarman and thief is named Stanley.
I've seen trees smiling, dreaming, kissing and kissed.
I don't think the world is a mirror made by Jesus,
rather sooner or later, like Columbus,
every old sailor sees a mermaid, that Jesus
smiled and dreamed like us, and Judas
had a dog that smiled and dreamed like us.
My good dog Bozo ran wild with my shoes.
Because I sleep and dream old news,
secrets I keep from myself, I smile in deceit,
while my dog smiles, mounts a wolf at my feet.

Sonrisas

Discutí con un querido amigo, un psiquiatra
que no pensaba que los perros sonríen y sueñan.
Opiné que las mariposas, ranas y perros sueñan
y sonríen—que todo el Zoológico del Bronx es como yo,
pero no pienso que cada camión Greyhound,
queso, pordiosero y ladrón lleven por nombre Stanley.
He visto árboles sonreír, soñar, besar y ser besados.
No pienso que el mundo es un espejo hecho por Jesús,
más bien tarde o temprano, como Colón,
todos los marineros viejos ven a una sirena, que Jesús
sonrió y soñó como nosotros, y que Judas
tenía un perro que sonreía y soñaba como nosotros.
Mi buen perro Bozo corría con mis zapatos, salvajemente.
Resulta que yo duermo y sueño con noticias viejas,
con secretos que no comparto ni conmigo, sonrío desengañado,
mi perro sonríe, monta guardia a mis pies como un lobo.

Mind

They come to mind, not of my choosing,
in several languages, women I loved,
the living and the dead, in beds here and there,
in different countries.
I remember waiting in doorways endlessly
when it seemed all love was safely abed.
Truth is, love will never come back to me from "mind"—
in my English, neuter, without gender.

Mente

Me viene a la mente, sin intención
y en varios idiomas, mujeres que he amado, las
vivas y las muertas, en camas aquí y allá, en
diferentes países.
Recuerdo estar esperando interminablemente en puertas
cuando parecía que todo el amor estaba seguro en cama.
Ciertamente no es la "mente" —en mi castrado español—
la vía por la que volverá el amor a mí.

Christmas 2014

Nothing I say will change anything.
I am dismayed on Christmas day.
There's sickness in my house,
almost a black Christmas.
Deep in a snowdrift, I make myself a snowmother,
the Virgin, put a snow savior in her arms.
One day, He will melt in her arms and she in His,
they will wake up a little unresurrected pond
that will fill with waterlilies in spring
if I have anything to say about it,
but I have nothing to say about it.
Bring on the snapping turtles and leaches
evergreens, bristlecones,
that may live a thousand years.
I trust trees, I have faith in butterflies and poets,
who these days and nights live days and nights.
How can God be a cannibal and a good guy?
A High Mass sings the answers to all questions.
This spring, I will join the wise young
dancing around a maypole, undismayed.

Navidad 2014

Nada de lo que diga cambiará nada.
Estoy consternado en el día de Navidad.
Hay enfermedad en mi casa,
casi una Navidad negra.
Profundo en un montón de nieve, me hago
a mí mismo una madre de nieve,
la Virgen, pongo un salvador de nieve en sus brazos.
Un día, Él se derretirá en sus brazos y ella en los suyos,
despertarán al pequeño estanque sin resucitar
que se llenará de nenúfares en la primavera
si es que tengo algo que decir,
pero no tengo nada que decir.
Acarrea las tortugas mordedoras y las sanguijuelas
los árboles de hojas perennes, los pinos,
que pueden vivir por mil años.
Confío en los árboles, tengo fe en las mariposas y en los
poetas, quien estos días y noches viven días y noches.
¿Cómo puede ser Dios un caníbal y un buen tipo?
Una Misa Solemne es la respuesta a todas las preguntas.
Esta primavera, me uniré a los jóvenes sabios
que bailan alrededor del asta, sin mareo.

2 AM

Sola una cosa tiene mala el sueño, según he oído decir,
y es que se parece a la muerte, pues de un dormido a un
muerto hay muy poca diferencia.
                    —*Sancho Panza*

It is 2 AM. I need to rest, sleep.
I risk being entertained by the clown of death
at a dream circus, I see half his face—
white and red likeness doesn't frighten me.
I am a lie-down comedian.
It is 2 AM. Among my last thoughts:
my wife's operable cancer… Marianne Moore in 1916
wore her red hair in braids… I don't want the clown
to wash his face, change into my street clothes.
My wife has a cancerous node.
St. Teresa read books on chivalry.
At a tender age, she and her brother agreed
to run off to the Moors' country, beg their bread
for love of God, to reach heaven beheaded.
At supper, an Avila spring or two before, St.
Teresa answered the first question,
"How is this night different from all other nights?"
It is 2 AM. Joy! Joy! William Carlos Williams
saw more than 2,000 babies pulled through
one way or another into the world. It is 2 AM.
I sat in at his poorly attended funeral
in Rutherford: no poets I recognized,
no words I remember, family, sons, Fanny,
scattered in the pews mostly old pretty ladies.

2 AM

Sola una cosa tiene mala el sueño, según he oído decir,
y es que se parece a la muerte, pues de un dormido a un
muerto hay muy poca diferencia.
                                        —Sancho Panza

Son las 2 a.m. Necesito descansar, dormir.
Me arriesgo a ser entretenido por el payaso de la muerte
en un circo onírico. Veo la mitad de su cara—
la semejanza del blanco y del rojo no me espanta.
Soy un comediante acostado.
Son las 2 AM. Entre mis últimos pensamientos:
el cáncer operable de mi esposa… Marianne Moore en 1916
llevaba su pelo rojo en trenzas… no quiero que el payaso
lave su cara y se cambie, se vista con mi ropa de calle.
Mi esposa tiene un ganglio canceroso.
Santa Teresa leía libros de caballería.
A una tierna edad, ella y su hermano acordaron
escaparse al país de los moros, mendigar pan
por amor a Dios, para alcanzar el cielo decapitados. En
la cena, una primavera de Ávila o dos anteriores, Santa
Teresa contestó la primera pregunta,
"¿Por qué esta noche distinta a todas las otras noches?"
Son las 2 AM. ¡Alegría! ¡Alegría! William Carlos Williams
vio más de 2,000 bebés nacer
al mundo de tal o cual manera. Son las 2 AM.
Me senté en un funeral poco asistido
en Rutherford: ningún poeta que pudiera reconocer,
ni palabras que recordara, familia, hijos, Fanny,
y en su mayoría bonitas ancianas dispersas en los bancos.

*

I must have fallen into eternity.
The telephone did not ring
but I was on the phone with Charlie Williams.
He was going to see Dylan Thomas.
I said I'd fly over. We'd go together.
Dylan was alive, no question.
Charlie was in Paris, did not have cancer,
no question. We would just have a good time.

Thank God for pleasant dreams.
It never crossed my mind to talk about God
with Dylan, but when we were coming downtown
in a taxi from the Academy with Carl Sandburg,
64 years ago, Dylan played God
receiving T.S. Eliot in heaven: "Come in.
I've read your Four Quartets."
Dylan loved the stranger, wrote ". . . in praise of God,"
said he'd be "a damned fool" if he didn't.

*

Back from my entertainments, I woke up.
Half asleep, I was in bed with my wife
and Margie my dog, named after my mother.
I saw lady sunrise, naked, with all her troubles
come into the bedroom past the apple tree.
The lights of an automobile down the road
brought me to my senses. I never served time
in an overcrowded prison, shackled to no labor.
I never complained about the weather.
There are other places, names, and matters

*

Debí de haberme caído en la eternidad.
El teléfono no sonó
pero estaba hablando con Charlie Williams.
Iba a ver a Dylan Thomas.
Dije que volaría. Que iríamos juntos.
Dylan estaba vivo, sin duda.
Charlie estaba en París, no tenía cáncer,
sin duda. Sólo pasaríamos un buen rato.

Gracias a Dios por los sueños agradables.
Nunca cruzó por mi mente hablar sobre Dios
con Dylan, pero cuando estábamos por llegar al centro
en un taxi desde la Academia con Carl Sandburg,
hace 64 años, Dylan interpretó a Dios
recibiendo a T.S. Eliot en el cielo: "Adelante.
He leído tus Cuartetos."
Dylan que amaba a los extraños, escribió "… en alabanza de Dios,"
dijo que sería idiota si no lo hiciera.

*

Regresando de mis entretenimientos, me desperté.
Medio dormido, estaba en la cama con mi esposa
y Margie mi perra, llamada así en honor a mi madre.
Vi a la dama amanecer, desnuda, con todos sus problemas
entrar en la habitación pasando el manzano.
Las luces de un automóvil al final del camino
me regresaron a mis sentidos. Nunca cumplí tiempo
en una prisión superpoblada, encadenado a ninguna labor.
Nunca me quejé del clima.
Hay otros lugares, nombres y asuntos

I do not care to remember.
I read in *Don Quixote* there's an old ballad
that says King Rodrigo, alive and kicking
in a tomb filled with reptiles and vermin,
said in a low and mournful voice,

"They're eating me, they're eating me in
the place where I most sinned."
Sancho did not think the most sinful place
was the brain, the mind. He did not remember
that Jesus Christ said thinking something evil
was the same as doing it. Certainly, the squire knew
we think of doing unto others more evil than we do,
he heard the devil hides behind the cross.

que no quiero recordar.
Leí en *Don Quijote* que hay una vieja balada
que dice que el Rey Rodrigo, vivo y coleando
en una tumba llena de reptiles y alimañas
dijo con una voz baja y triste,

"Están comiéndome, están comiéndome
en el lugar donde más pequé."
Sancho no pensaba que el lugar más pecaminoso
era el cerebro, la mente. No recordaba
que Jesucristo dijo que pensar algo malo
era lo mismo que hacerlo. Con seguridad, el escudero sabía
que pensamos en dañar más de lo que hacemos,
oyó que el diablo se esconde tras la cruz.

Fathers

1.

A friend told me Jesus said,
"Go out into the fields to find your real mothers and fathers."
I thought somehow I'd done that
since I really had two fathers, none heavenly,
a subject difficult for me to talk about.
I am confused—straighten me out.
I am old and difficult under the apple boughs.
I have planted more apple trees than I can remember.

I've searched but I cannot find a text that reveals
when or how Christ's earthly father died.
I see it was from His not-blood-father, Joseph,
that Jesus was begot from patriarchs and kings—
soon the innocents were slaughtered, Joseph
took flight with the Virgin and child to Egypt
by donkey that would not eat sacred manger hay,
the beast said to have prayed when they rested.

Later, the way things happen, Joseph corrected
Aramaic speaking Jesus' Hebrew,
taught Him Torah, morning prayer, perhaps to skip
a stone out to sea. Did Joseph teach his carpenter Son
what the boy taught the rabbis? Holy riddle.
Surely Jesus sang prayers in synagogue
and at home with windows open, stopped traffic
when he sang everyday love songs.
We know Joseph had four sons of his own blood.
He compounded with his wife,

Padres

1.

Un amigo me contó que Jesús dijo,
"Salgan a los campos a buscar a sus madres y a sus padres verdaderos."
Pensé que de alguna manera ya había hecho eso
ya que realmente tenía dos padres, ninguno celestial,
un tema de conversación difícil para mí.
Estoy confundido—enderézame.
Soy viejo y difícil debajo de las ramas del manzano.
He plantado más manzanos de los que puedo recordar.

He buscado pero no he podido encontrar un texto que revele
cuándo o cómo murió el padre terrenal de Cristo.
Veo que fue de Su padre no de sangre, José,
que Jesús fue engendrado por patriarcas y reyes—
pronto los inocentes fueron masacrados, José
tomó vuelo con la Virgen y el niño a Egipto
en un burro que no comía paja sagrada del pesebre,
una bestia de quien se decía rezaba mientras ellos descansaban.

Más tarde, del modo en que ocurren las cosas, José corrigió
el hebreo de Jesús que hablaba Arameo,
le enseñó el Torah, la oración matinal y tal vez botar
una piedra en el mar. ¿José le enseñó a su hijo carpintero
lo que el niño le enseñó a los conejos? Enigma sagrado.
Seguramente Jesús cantaba oraciones en la sinagoga
y en casa con las ventanas abiertas, paraba el tránsito
cuando cantaba canciones cotidianas de amor.
Sabemos que José tuvo cuatro hijos de su misma sangre.
Se amalgamó a su esposa,

so he and Mary kissed carnally, perhaps on the Sabbath:
he must have loved her smell, touch, taste—her breasts
from which Jesus took the milk of human kindness.
His four younger brothers sucked the same nipples.

Of course Jesus, with His knowledge and direction
of everything that happens, was, is, never jealous.
His jealousy, the devil's suggestion

No news that his Son embraced him when Joseph
was on his deathbed dying a happy death—
He might have brought Joseph a cup of hot chocolate
the dying in Mexico who worshipped snakes
took comfort from.
Chocolate had not yet come to Rome or Jerusalem.
Alas, Joseph is not buried beside his wife in Ephesus.
John the Divine is buried a few steps from Her tomb;
a stone's throw away is the Temple of Artemis,
the virgin huntress-goddess, sister of Apollo.
The way things happen, Mary visited the Greek temple
one of the seven wonders, changed by wars into Roman.

2.

I know a tree the shape of five question marks
when? how? why? which? where?
every word forbidden fruit.
A summer rain takes over my life
then simply abandons me.
I had a father whom most held in high regard
he deserved. Others called him evil.
My sister and I independently
were reminded of our father we called "father"

así que él y María se besaron carnalmente, tal vez en el Shabat:
él debía de haber amado su olor, toque, sabor —sus pechos
de los cuales Jesús tomó la leche de la bondad humana.
Sus cuatro hermanos menores succionaron los mismo pezones.

Desde luego Jesús, con Su sabiduría y sentido
de todo lo que ocurre, nunca fue, ni es, celoso.
Sus celos, la sugerencia del diablo.

Ninguna noticia de que su Hijo lo haya recibido cuando José
estaba en su lecho de muerte muriendo una muerte feliz—
Le pudo haber dado a José la taza de chocolate caliente
que los moribundos mexicanos veneradores de las serpientes
toman para consolarse.
El chocolate aún no había llegado a Roma o a Jerusalén.
Ay, José no está enterrado junto a su esposa en Éfeso.
Juan el Divino está enterrado a unos pasos de Su tumba;
a un tiro de piedra está el Templo de Artemisa,
la diosa cazadora virgen, hermana de Apolo.
La manera en que las cosas pasan, María visitó el templo griego
una de las siete maravillas, transformado por las guerras en romano.

2.

Conozco un árbol con la forma de cinco signos de interrogación
¿cuándo? ¿cómo? ¿por qué? ¿cuál? ¿en dónde?
cada palabra una fruta prohibida.
Una lluvia de verano toma mi vida
luego simplemente me abandona.
Tenía un padre el cual la mayoría tenía en alta estima
que merecía. Otros lo llamaban malo.
Por separado mi hermana y yo
recordábamos a nuestro padre al que llamábamos "padre"

when we saw a newspaper photograph
of the decade's most famous murderer.
My mother said father was always angry,
but I had a godfather, her brother, a doctor,
beside whom for me, Gabriel, Rafael, Elijah,
and all the gods were pimps.
As a child I had to be forced to eat an apple.
I have never bit an apple since I left my father's house,
still I believe the apple does not fall far from the tree.

al ver una fotografía en el periódico
del que fue el asesino más famoso de la década.
Mi madre decía que mi padre siempre estaba enojado,
pero yo tenía un padrino, su hermano, un doctor,
al lado del cual para mí, Gabriel, Rafael, Elías
y todos los demás dioses eran proxenetas.
De niño tuvieron que forzarme a comer una manzana.
No he mordido otra desde que me fui de casa de mi padre,
aún así creo que la manzana no cae lejos del árbol.

Psalm

God of paper and writing. God of first and last drafts,
God of dislikes, God of everyday occasions—
He is not my servant, does not work for tips.
Under the dome of the Roman Pantheon,
God in three persons carries a cross on his back
as an aging centaur, hands bound behind his back, carries Eros.
Chinese God of examinations: bloodwork, biopsy,
urine analysis, grant me the grade of *fair* in the study of dark holes,
fair in anus, self-knowledge, and the leaves of the vagina
like the pages of a book in the vision of Ezekiel.
May I also open my mouth and read the book by eating it,
swallow its meaning. My Shepherd, let me continue to just pass
in the army of the living,
keep me from the ranks of the excellent dead.
It's true I worshipped Aphrodite
who has driven me off with her slipper
after my worst ways pleased her.
I make noise for the Lord.
My Shepherd, I want, I want, I want.

Salmo

Dios del papel y de la escritura. Dios de los primeros y últimos
borradores, Dios de los disgustos, Dios de las ocasiones cotidianas—
Él no es mi sirviente, no trabaja por propinas.
Bajo el domo del Panteón Romano,
Dios en tres personas carga una cruz en su espalda,
un centauro que envejece, manos amarradas a la espalda, carga a Eros.
Dios chino de los exámenes: análisis de sangre, biopsias,
análisis de orina, otórgame el grado de *pasante* en el estudio de los hoyos
negros, *pasante* de ano, autoconocimiento y hojas de la vagina
como las páginas de un libro en la visión de Ezequiel.
Que también pueda abrir la boca y leer el libro comiéndomelo,
tragar su significado. Mi pastor, déjame seguir para sólo pasar
por el ejército de los vivos,
resérvame lugar en las filas de los muertos excelentes.
Es verdad que venero a Afrodita
que me ha echado fuera con su pantufla
después de que la habían satisfecho mis más bajos modales.
Hago ruido para el Señor.
Mi Pastor, yo deseo, yo deseo, yo deseo.

The Perfect Democracy

I come close to the perfect democracy
a poet called "the kingdom of death."
I was created and I will die free and equal.
My soul was born on the North Atlantic
between Lithuania and Philadelphia,
city of brotherly love. I don't remember but surely
my heart can't forget being nursed, then rocked
by my mother and the Atlantic Ocean. (What a first nanny.)
These days almost everyone's a landlover,
who never spent days or weeks
looking out at nothing but endless ocean and horizon.
How can such a landlover know who he or she is
in the world and universe?

Almost everyone, when you cross the little brook
between life and death,
you will enter the democratic halls of death,
parliaments, congress, la Chambre des Députés,
take your seats before the Speaker, you will be
called to order, shrouded in your Sunday best,
perhaps a winding sheet or prayer shawl,
or you may sit, entombed, like the old Tatars,
with pipe, tobacco, and live dog;
some will have a clear view through the open roof
to the Sun and Moon, others, under the merciful eyes
of Jesus or Jehovah or both, are asleep in the Commons.
Most are "officer's mess" for batallions of maggots.
Few rest in peace. Some debating good citizens
hold hell is simply a cleptocracy, the dead
are cleaned out, without a penny's worth of anything.
Others mutter they are "never dead, not even past."

La democracia perfecta

Me aproximé a la democracia perfecta
que un poeta llamó "el reino de la muerte."
Fui creado y moriré libre e igual.
Mi alma nació en el Atlántico Norte
entre Lituania y Filadelfia,
ciudad del amor fraternal. No lo recuerdo pero ciertamente
mi corazón no olvida haber sido amamantado, luego mecido
por mi madre y el Océano Atlántico. (Vaya primera niñera.)
En estos días casi todo el mundo es un amante de la tierra,
que nunca han pasado días o semanas
mirando exclusivamente hacia el océano infinito y al horizonte.
¿Cómo puede tal amante de la tierra saber quién es él o ella
en el mundo y el universo?

Casi todo el mundo al cruzar el pequeño riachuelo
entre la vida y la muerte,
entrará a los pasillos democráticos de la muerte,
parlamentos, congresos, la Chambre des Députés,
tomen sus asientos antes que el orador, serás
llamado al orden, envuelto en tu traje de domingo,
tal vez una sinuosa sábana o un talit,
o puedes sentarte, sepultado, como los viejos Tártaros,
con pipa, tabaco y un perro vivo;
algunos tendrán una vista clara a través del techo abierto al
Sol y a la Luna, otros, bajo los ojos misericordiosos
de Jesús o Jehová o ambos, están dormidos
en La Cámara de los Comunes.
La mayoría son "líos del oficial" por batallones de gusanos.
Pocos descansan en paz. Algunos buenos ciudadanos
en debates sostienen que el infierno es simplemente una cleptocracia, los
muertos son erradicados, sin obtener siquiera el valor de un centavo de
algo. Otros balbucean que están "nunca muertos, ni siquiera pasados."

Mr. Speaker:
I salute the eight black constituents
to the Assemblée Nationale,
in the valley with the Jews who were included
in the Declaration of the Rights of Man
thanks to one vote, now a skinless finger.
Everyone knows his or her deathday.
No one sings "Happy deathday to you"
except a few still drunk on life.
Morning. A dog seems to rest its head
on smoke that smells human.
The cock calls the role. The nays have it.

O landlovers, I wish I could bring you shipboard,
surround you with blue, purple, white,
black and mountainous turquoise breakers,
bring you to their meaning and incomprehensibility,
to see what is near and beyond.
A few stand and pray
on the floor or alone in the coatrooms,
a congregation of pure Oversouls,
the odd murderer with nothing to do.

Landlover,
you may be a farmer or a gardener, bless you,
but just between you, me and the buttercups,
the ocean is coming. Question time:
Mr. Speaker, in your democracy,
are there any little deaths after death, *withouts*:
no need to have supper late or early,
no lovemaking, no music? Will I be a listener,
may I play a God-made instrument?

Sr. Orador:
Recibo a los ocho constituyentes negros
a la Assemblée Nationale,
en el valle con los judíos que fueron incluidos
en la Declaración de los Derechos del Hombre
gracias a un voto, ahora un dedo sin piel.
Todos saben el día de su muerte.
Nadie canta "Feliz día de tu muerte"
excepto todavía borrachos de vida.
Es temprano. Un perro parece descansar su cabeza
sobre humo que huele a humano.
El gallo canta la hora. Ganaron los votos en contra.

Oh amantes de la tierra, desearía poder llevarlos a bordo,
rodearlos de azul, morado, blanco,
negro y de las olas turquesas,
llevarlos a su significado y a su incomprensibilidad,
para ver lo que está cerca y más allá.
Algunos se paran y rezan
en el piso o solos en el guardarropas,
una congregación de Animas Mundis,
extraños asesinos sin ocupación alguna.

Amante de la tierra,
puedes ser un granjero o un jardinero, bendito seas,
pero sólo entre tú, yo y los ranúnculos,
el océano está viniendo. Momento para una pregunta:
¿Sr. Orador, en su democracia,
hay algunas pequeñas muertes después de la muerte, *sin:*
ninguna necesidad de cenar tarde o temprano,
nadie haciendo el amor, ninguna música? ¿Seré un oyente,
puedo tocar un instrumento hecho por Dios?

Surely democratic God arranges for birdsong,
winds praying in trees.

I'm filibustering. Does God eat?
I hear someone say God is a vegetarian,
another is certain God eats meat.
For centuries the best cuts were set aside for Gods
Surely lambs were and are not sacrificed without reason.
Then God eats and, since we are made in God's image,
He defecates, urinates, wipes Himself clean.
God coughs and farts, is our Farter who art in Heaven.
I'm the Devil, you say! No, in the shadow cabinet
I'm the minister of parables. Every school child knows
Isis and other Gods of the dead are marble or bronze.
I'm trying to vote death out of office—
I say to the free man who praises his God,
"Without death, anarchy. Is God and his 42 names
protected by flights of angels, his Mom?"

The Lord swims in all oceans,
plays a kind of tag with jellyfish and whales,
He does not forget the least of the newborn.
His hand runs through, blesses many kinds of spawn.
I'm happy to have been born on the Atlantic,
my useful afterbirth thrown overboard.

In bedroom slippers, I tap-dance
up and down the stairs, hold onto the rail,
my pulse once a household member, now a guest,
cannot overstay his or her welcome.
My pulse cannot overstay his or her welcome.

Ciertamente el Dios democrático organiza el canto de los pájaros,
el viento rezando en los árboles.

Estoy siendo un filibustero. ¿Dios come?
Escuché a alguien decir que Dios es vegetariano,
otro está seguro que Dios come carne.
Por siglos los mejores cortes eran reservados a los Dioses
Cierto, los corderos antes y ahora no se sacrifican sin razón.
Entonces Dios come y ya que estamos hechos a imagen de Dios,
Él defeca, orina, se limpia a Sí mismo.
Dios flatulento que tose, es nuestro Padre que estás en los cielos.
¡Dices que soy el diablo! No, en el gabinete
de la sombra yo soy el ministro de las parábolas.
Todos los niños de las escuelas saben que Isis y otros
Dioses de los muertos son de mármol o bronce.
Estoy tratando de votar para sacar a la muerte de su puesto—
Les digo a los hombres libres que alaban a su Dios,
"Sin la muerte, la anarquía. ¿Dios y sus 42 nombres están
protegidos por vuelos de ángeles, por su Madre?"

El Señor nada en todos los océanos,
juega una especie de "quemados" con medusas y ballenas,
Él no olvida al más pequeño de los recién nacidos.
Su mano recorre, bendice muchos tipos de huevecillos.
Estoy feliz de haber nacido en el Atlántico,
mi útil placenta arrojada por la borda.

En pantuflas, bailo tap
subiendo y bajando las escaleras, agarrándome del barandal.
Él, mi pulso, alguna vez un miembro de la familia, ahora un invitado,
no puede quedarse demasiado tiempo.
Ella, mi pulso, no puede prolongar su estancia.

The Gambler

Older, I gamble with one die,
risk rolling a one-eyed snake.
I hedge my bets with the verb "to die."
The chances are I'll die some daybreak,
I prefer after breakfast and a cup of coffee
to get me through the day. It would be nice
to read again *The Gambler* of Dostoyevski,
to play with God, but "God does not roll dice,"
flip coins—heads damnation, tails grace.
"Love the stranger" trumps where the true cross is.
He cheers for peace, not war, in a horse race,
although they are both His horses,
He collects His winnings and takes His losses.

Mercy's a wild card.
Now I play numbers with fallen angels.
(God knows what the Devil feels.)
The Lord will not settle for a little human regard.
His new-fangled messengers with smart-phones
text the laws, take selfies, see fire and brimstone.
I cheat at cards Yahweh deals.

Stuffed with flesh, blood, and bones,
I don't applaud any God. I lift my cap,
kick off my shoes, drop a coin in the box and clap.
I see a skyscraper as a gravestone.
Walking in New York City, forgetting is hard.
There is some reason to suppose the sap
of trees will outlast human blood by mishap.
The world shoots craps. I bet no matter how winds fly,
a kiss will keep the world from hate, by and by.

El jugador

Más viejo, apuesto con un dado,
me arriesgo a sacar a una culebra,
Protejo mis apuestas con el verbo "morir."
Es probable que moriré en algún amanecer,
de preferencia después del desayuno y de una taza de café
para que pueda pasar el día. Sería agradable
volver a leer *El jugador* de Dostoyevski,
para jugar con Dios, pero "Dios no tira los dados,"
hace un volado —cae cara perdición, cae cruz gracia.
"Ama al prójimo" triunfa donde está la cruz.
El aclama por la paz, no la guerra, en una carrera de caballos,
aunque ambos son Sus caballos,
Recolecta Sus ganancias y toma Sus pérdidas.

La misericordia es una comodina.
Ahora juego números con ángeles caídos.
(Sólo Dios sabe lo que el Diablo siente.)
Por humanismo El Señor no se hará de la vista gorda.
Sus nuevos mensajeros de moda con teléfonos inteligentes
mensajean las leyes, toman *selfies*, ven fuego y azufre.
Yo hago trampa en las cartas, Yahvé reparte.

Relleno de carne, sangre y huesos,
no le aplaudo a ningún Dios. Levanto mi gorra,
pateo mis zapatos, dejo caer una moneda en la caja y aplaudo.
Veo un rascacielos como una lápida.
Al caminar en Nueva York, olvidar es difícil.
Existen razones para suponer que, por desgracia,
la salvia de los árboles durará más que la sangre humana.
El mundo dispara dados. Apuesto, no considero,
el proceder del vuelo de los vientos, que un beso abstendrá
al mundo del odio, de aquí a un rato.

It began, midnight. It was 1956,
I arrived in Nice by train
far from the Tiber and River Styx.
Tenth of August, no beds, with Djuna my dog,
I slept in a Hotel Negresco beach chair,
Djuna on colored stones, under my chair.
Storm clouds covered the stars.
We went into a casino to escape the rain.
Djuna died a Socialist wolf in Fascist Spain.
I still grieve for my Trastevere dog,
like a child. I'm left to speak the prologue.

But pardon, it is my wish
to honor the language. I salute the verb "to die,"
its sound and meaning from Middle English.
I play with sounds, with I and eye,
homonym-roulette: morning dew,
there's do unto others and Devil his due.
Rien ne vas plus. For those slated to die,
a shell game: where?, when?, why?
Given time, all is vanity,
the Good Shepherd will lead the universe to slaughter.
Baa, baa, baa . . . I put my money on last laughter:
there are many more stars in the day and night sky
than there are words in English.
My words contain dark matter,
invisible gravity, water dripping from the tap—
I bet my life. I'd like to catch a fish
that's been swimming in the Thames since English.
I've caught Death, the rat, in my mousetrap—
Augustine's sermon 261. No,
I take Death into the woods and let him go.

Empezó a media noche. Era 1956,
llegué a Niza en tren
lejos del Tíber y del Río Estigia.
Diez de agosto, sin camas, con Djuna mi perro,
dormí en una silla del Hotel Negresco,
Djuna sobre piedras de colores, debajo de mi silla.
Nubes de tormenta cubrían las estrellas.
Entramos en un casino para escapar de la lluvia.
Djuna murió como una loba socialista en la España fascista.
Aún estoy en duelo, como un niño, por mi perra de Trastevere.
Me queda por decir el prólogo.

Una disculpa, es mi deseo
honrar al lenguaje. Saludo al verbo "morir," "to die,"
su sonido y significado del inglés medio.
Juego con sonidos, con I y eye y Ay!
ruleta de homónimos: *morning dew*, "brisa de la mañana"
"there's do unto others and Devil his due,"
"a los otros como a ti mismo y al diablo su paga."
Rien ne vas plus. Para los programados para morir,
un trile: ¿en dónde? ¿cuándo? ¿por qué?
En determinado tiempo, todo es vanidad,
el Buen Pastor llevará al universo a la masacre.
Baa, baa, baa… pongo mi dinero en la última risa:
hay muchas más estrellas en el cielo de día y de noche
que palabras en inglés.
Mis palabras contienen materia oscura, gravedad
invisible, agua goteando del grifo— Apuesto mi
propia vida. Me gustaría atrapar a un pez
que haya nadado en el Támesis desde el primer inglés.
He atrapado a la Muerte, la rata en mi ratonera—
El sermón 261 de Agustín. No,
llevo a la Muerte al interior del bosque y la dejo ir.

Eclipse

A Rose

How can you run about
two minutes after you are born?
Be a horse, then you can discover
a valley, the taste of a mare's nipple,
your coat moist with her 3-year-old blood.
In a dream on my ignorant back,
universe after universe is not *here*,
is out there, out there, there, there,
there, still going . . .
Here and a rose, within my reach,
visible without wise instruments.
Our earth and sun don't matter an onion
to dark matter, places without address.
Justice is not done in the universe,
where the only evidence admissible is invisible
or with sweet deceiving countenance.
If all the world's a stage, the players have stage fright
Ding dong, the final doorbell is ringing.
(In Middle Scottish "ding" means worthy.)
Mr. Trouble won't take his finger off
the button. I'm here, unmetaphorical.
No friend or Eurydice is like any other,
lost friends sometimes come as visitations.
Still I take up with string theory
or the rose-by-any-other-rose theory
that holds water.

A bee flew into a rose,
found darkness and silence there,
flew into another rose and another,
then bang, fires, everything.
Gravity and darkness are not dreary.

Una Rosa

¿Cómo puedes correr por ahí
a dos minutos de haber nacido?
Sé un caballo, así puedes descubrir
un valle, el sabor a pezón de yegua,
tu pelaje humedecido con su sangre de tres años de edad.
En un sueño en mi espalda ignorante,
universo tras universo no es *aquí,*
está allá afuera, allá afuera, allá, allá,
ahí, aún yendo…
Aquí y una rosa, a mi alcance,
visible sin sabios instrumentos.
Nuestra Tierra y Sol le importan un bledo
a la materia oscura, a los lugares sin dirección.
No se hace justicia en el universo,
donde la única evidencia admisible es invisible
o tiene una apariencia dulce y engañosa.
Si el mundo es un escenario, los jugadores tienen pánico escénico.
Ding dong, el último timbre está sonando.
(En escocés medio "ding" significa digno.)
El Sr. Problema no quitará su dedo
del botón. Estoy aquí, sin ser metafórico.
Ni Eurídice ni nadie se parece a nadie,
los amigos perdidos a veces llegan como invitados.
Aún así, me quedo con la teoría de cuerdas
o con la de la rosa o con cualquier otra teoría con fuerza.

Una abeja voló dentro de una rosa,
encontró oscuridad y silencio ahí,
voló a otra rosa y a otra,
luego explosiones, incendios, todo.
La gravedad y la oscuridad no son deprimentes.

Mathematicians are heroes
who give meaning to numbers,
a wilderness of zeroes.
The thing about the cosmos
is what we cannot see is beautiful.
Not *I, you* and *me* is what I want to say.
My calling card is the periodic table.
I am thorium, the 90th element,
silvery and black.
Protons, the cosmos, black holes,
white dwarfs are never gross.
Soon after the invention of present tense
there was the comparative and superlative,
so off we went to war. We breathe in and out:
the simple past came just like that.

We believed, needed to pray, invented talk,
writing to keep accounts,
although greeting by smelling, whining,
crying, howling, served us well.
We could say *please, thank you, good morning*
and *good night, I love you*, without a word.
A child asked me a question: "Back at the start,
bang!, cruel, kind, or no heart?"

Los matemáticos son héroes
que le dan significado a los números,
una jungla de ceros.
La cosa con el cosmos
es que lo que no podemos ver es hermoso.
Yo, tú y *mí* no es lo que quiero decir.
Mi tarjeta de presentación es la tabla periódica.
Soy torio, el 90º elemento,
plateado y negro.
Protones, el cosmos, agujeros negros,
los enanos blancos nunca son repugnantes.
Poco después de la invención del tiempo presente
estaba el comparativo y el superlativo,
así que nos fuimos a la guerra. Respiramos dentro y fuera:
el pasado simple apareció justo así.

Creíamos, necesitábamos rezar, inventamos el habla,
la escritura para llevar cuentas,
aunque saludarnos oliéndonos, quejándonos,
llorando, aullando nos vino bien.
Podíamos decir *por favor, gracias, buenos días*
y *buenas noches, te quiero,* sin decir palabra.
Un niño me preguntó: "¿De vuelta al inicio,
¡bang!, sin corazón, cruel o gentil?"

Album

Among family photos,
a school of smiling rainbow trout.
A magician uncle explained:
they swam across the ocean
although they were freshwater fish,
not saltwater fish. Our good fish family
studied hard underwater and learned
the scrolls, the shelves, the sudden drops.
They were taught to watch out
for sturgeon, salmon, striped bass
coming up river, some to die,
others laid eggs, then returned to the ocean.
My cousin looked for an underwater Bible
in the lily pads but never found it,
saw turtles as big as automobile tires,
but he kept looking, breaking water for heaven's sake.
Lucky he had eyes that saw in a full circle
not just straight ahead, so he did better.
They had a Watchman fish, an old fish,
too old to fertilize eggs,
every scale thick as a windscreen,
he watched for lone fish returning from war.
Somehow they became human.
They would rather be buried
than thrown overboard into any puddle.

Álbum

Entre las fotos familiares,
un banco de sonrientes truchas arcoíris.
Un mago, tío mío, me explicó:
Nadaron a través del océano
aunque eran peces de agua dulce,
no peces de agua salada. Nuestra buena familia de peces
estudiaba arduamente bajo el agua y aprendió
los desplazamientos, las placas, las caídas repentinas.
Se les enseñó a tener cuidado
con los esturiones, salmones, lubinas rayadas
que subían el río, algunos para morir,
otros para poner huevos, luego regresaban al océano.
Mi primo buscaba una Biblia acuática
entre los nenúfares pero nunca la encontró,
vio tortugas grandes como llantas de automóvil,
pero siguió buscando, rompiendo el agua por amor a Dios.
Por suerte tenía ojos que veían en un círculo completo
no sólo de frente, así que lo superó.
Tenían un pez Gobio, un pez viejo,
demasiado viejo para fertilizar huevos,
cada escama gruesa como un parabrisas,
estaba al tanto de los peces solitarios que volvían de la guerra.
De alguna manera se hicieron humanos.
Preferían ser enterrados
que tirados por la borda en cualquier charco.

Mr. Trouble

Whatever the season
I add and subtract days and weeks.
I was with my dogs in the park,
I met Monsieur Troublé,
"Mr. Trouble," laughing.
"What are you laughing at?" I asked.
He spake thus: "I've read you.
I grant every birth is a nativity, holy.
Love, perhaps simply befriending,
is the answer in a world
where looking at something changes it.
Yes, eyes change the world."
"No, no," a passing angel said, "*Ave Maria*
gratia plena, Dominus tecum—
words in the Virgin's ear gave her a Son."
I said, "Then the nose, smelling changes the world.
Tasting, barely touching or lovemaking changes the world."
"Nobody is speaking for the ocean," Mr. Trouble said.

I offered: Moonlight is the traveler
and there was a full moon—
moon, fathered by winter, mothered by spring.
Day goes where night was,
after a long time I go about as music—
let's say that's what the good life is,
carrying a tune.
Moonlight sees what daylight does.
"Monkey sees," Mr. Trouble said.
"Nobody is speaking for the ocean."

Sr. Problema

Sin importar la estación
yo sumo y resto días y semanas.
Estaba con mis perros en el parque,
conocí a Mounsieur Troublé,
"Sr. Problema," riendo.
"¿De qué se ríe?" pregunté.
Habló de este modo: "Te he leído.
Concedo que cada nacimiento es una natividad, sagrada.
El amor, tal vez sea simplemente amistad,
la respuesta en un mundo
donde al mirar algo lo cambia.
Sí, la mirada cambia al mundo."
"No, no" dijo un ángel que pasaba, *"Ave Maria*
gratia plena, Dominus tecum—
las palabras en el oído de la Virgen le dieron un Hijo."
Yo dije, "Entonces la nariz, oliendo, cambia al mundo.
Saborear, apenas tocar o hacer el amor cambian al mundo."
"Nadie habla en nombre del océano." dijo el Sr. Problema.

Yo ofrecí: la luz de la luna es la viajera
y había luna llena—
luna, invierno como padre, primavera como madre.
El día va a donde estaba la noche,
después de mucho tiempo me muevo como la música—
digamos que eso es lo que es la buena vida,
tararear una melodía.
La luz de la luna ve lo que el día ve.
"El mono mira," dijo el Sr. Problema.
"Nadie habla en nombre del océano."

My Mother's Memorial Day

May 19th, a sleepless night,
thirty-six years after the ocean stopped swimming,
I didn't light a candle. I wrote a letter
to my mother, put a daisy in an envelope,
mailed it express, addressed "to far places."
The letter came back stamped *Return to sender.*
Nobody is speaking for the ocean.

Soon as I could remember anything,
I saw my naked mother,
the ocean swimming endlessly, wonder full.
I did not know the Chinese say "woman is half the sky";
I thought my mother was half ocean, half firmament.
I overheard, they did not blame me,
my birth was a sin like no other,
it prisoned me.
I wished I was born from an egg
like a pigeon. I could not say "I'm sorry"
for what I was not allowed to know.
I believed my sin belonged only to me—
not one of the look-alikes forbidden by commandments.
I heard of penance, mine was simply crying.

At nine, I wanted to be a farmer.
I marveled at planting seeds, watching
things grow, and I wanted to be a priest so
I could hear confession, secret stories. I
could do nothing right.
To kiss was to make it "all better."

Memorial a mi madre

19 de mayo, una noche en vela,
treinta y seis años después de que el océano dejó de nadar,
no prendí una vela. Le escribí una carta
a mi madre, puse una margarita en un sobre,
la envié por correo urgente, dirigido "a sitios remotos."
La carta regresó estampada *Devolver al remitente*.
Nadie está hablando en nombre del océano.

Apenas conseguí recordar algo:
veo a mi madre desnuda,
está nadando el océano sin fin, avanza, mar a villas.
No sabía que los chinos dicen "la mujer es la mitad del cielo";
Yo pensaba que mi madre era mitad océano, mitad firmamento.
Escuché por accidente, que no me culparon,
mi nacimiento era un pecado como ningún otro,
me aprisionó.
Deseé haber nacido de huevo
como una paloma. No podía decir "lo siento"
por lo que no me estaba permitido saber.
Pensaba que mi pecado era sólo mío—
no una de las aproximaciones prohibidas por los mandamientos.
Había oído hablar de la penitencia, la mía fue un simple llanto.

De nueve años, quería ser granjero.
Me maravillaba plantando semillas, viendo
cosas crecer y también ser sacerdote
para poder escuchar confesiones, historias secretas.
Nada me salía bien.
Besar era "mejorarlo todo."

I was not a child walking in sand
with a pail and shovel looking out
at the swimming ocean. On the island of Rhodes,
on a Hellenistic street the Colossus protected
in a celebration after a Greek revolution,
I was shot in the leg by a ricocheting bullet.
I swallowed the Acropolis,
a kind of Eucharist.
It never passed through my intestines.

Even so, life was an apparatus belonging to the city.
Life cleared streets, plowed snow, collected garbage,
is related to an ambulance, elevated trains.
It only made sense when I saw a field of wildflowers.
It took time before I took my time
reaching for what really was, is.
What is not   still is
my more than occasional companion.

No fui el niño que caminaba en la arena
con cubeta y pala y que oteaba
al océano nadador. En la isla de Rodas,
en una calle helenística que el Coloso protegía
en una celebración después de una revolución griega,
me alcanzó de rebote un disparo en la pierna
me tragué la Acrópolis,
una especie de eucaristía.
Nunca pasó por mis intestinos.

Aún así, la vida era un mecanismo de la ciudad.
La vida despejaba las calles, araba nieve, recolectaba basura.
La vida existe en relación a una ambulancia, a trenes elevados.
Hizo sentido hasta que vi un campo de flores silvestres.
Tomó tiempo antes de que me tomara el tiempo
de alcanzar lo que realmente era, es.
Lo que no es   aún es
para mí más que un compañero esporádico.

Alexander Fu Musing

The truth is I don't know the days of the week.
I can't tell time.
I have lived a summer,
a fall, a winter, an April, a May,
which I say because words are put in my mouth
because you-know-who is trying to sell something.
My mother rocks me to sleep, singing
a Chinese lullaby about crickets playing.
It's not easy to know so little,
but I wake to wonder, I touch wonder,
I play with wonder.
I smile at wonder.
I cry when wonder is taken from me.

Alexander Fu Musing

La verdad es que no me sé los días de la semana.
No puedo decir la hora.
He vivido un verano,
un otoño, un invierno, un abril, un mayo,
digo esto porque las palabras son puestas en mi boca
porque ya sabes quién está tratando de vender algo.
Mi madre me mece hasta que me duermo, me canta
una canción de cuna china sobre grillos jugando.
No es fácil saber tan poco,
pero me despierto ante la maravilla,
toco la maravilla,
juego con la maravilla.
Le sonrío a la maravilla.
Lloro cuando me quitan la maravilla.

To Alexander Who Wants to Be a Cosmologist

September 27th and 28th, two dark rainy days.
Alex was shivering, crying for no reason.
Embraced, he sobbed. It was for lack of summer.
He thought summer was longer.
"It's cold. It's already autumn."
I told him, "You simply must learn to love
autumn, winter, and spring.
We are all star children, made of the stuff of stars.
Don't cry, we are living in the golden age of stars."

A Alexander que quiere ser cosmólogo

27 y 28 de septiembre, dos días lluviosos.
Alex temblaba, lloraba sin ninguna razón.
Abrazado, sollozaba. Era la falta de verano.
Había pensado que el verano era más largo.
"Hace frío. Ya es otoño."
Le dije, "Simplemente tienes que aprender a amar
el otoño, el invierno y la primavera.
Todos somos hijos de estrellas,
hechos de la materia de las estrellas.
No llores, estamos viviendo
en la época de oro de las estrellas."

To Alexander Fu on His Beginning and 13th Birthday

Severed from your mother,
there was a first heartache,
a loneliness before your first peek
at the world, your mother's hand was a comb
for your proud hair, fresh from the womb—
born at night, you and moonlight tipped the scale
a 6lb 8oz miracle,
a sky-kicking son
born to Chinese obligation
but already American.
You were a human flower, a pink carnation.
You were not fed by sunlight and rain.
You sucked the wise milk of Han.

Your first stop, the Riverdale station,
a stuffed lion and meditation.
Out of PS 24, you will become
a full Alexander moon over the trees
before you're done. It would not please
your mother to have a moon god for a son.
She would prefer you had the grace
to be mortal, to make the world a better place.
There is a lesson in your grandmother's face:
do not forget the Way
of your ancestors—Gentleman,
on your 13th birthday, seize the day
from history and geography.
If you lead, you will not lose the Way,
in your family's good company
where wisdom is common as a sunfish,
protected from poisonous snakes by calligraphy:
paintings of many as the few, the few as many.

Para Alexander Fu, su comienzo y su 13ºcumpleaños

Arrancado de tu madre,
llegó tu primera pena,
una soledad antes de tu primer vistazo
al mundo, la mano de tu madre fue un peine
para tu orgulloso pelo, recién salido del vientre—
nacido de noche, tú y la luz de la luna inclinaron la escala
un milagro de 2kg 950gms,
un hijo pateando al cielo
nacido a las obligaciones chinas
pero ya americano.
Eras una flor humana, un clavel rosa.
No fuiste alimentado de sol y lluvia.
Succionabas la leche sabia de Han.

Tu primera parada, la estación Riverdale,
un león de peluche y meditación.
En la Escuela Pública 24, te convertirás
en una luna Alexander, llena sobre los árboles
antes de tu graduación. No complacería
a tu madre tener a un dios de la luna por hijo.
Ella preferiría que tuvieras la gracia
de ser mortal, de hacer del mundo un sitio mejor.
Hay una lección en la cara de tu abuela:
no olvides el Camino
de tus ancestros—Caballeros
en su 13º cumpleaños, aprovechen el día
desde la historia hasta la geografía.
Si tú guías, no perderás el Camino,
en la buena compañía de tu familia
donde la sabiduría es tan común como un pez luna,
protegido por la caligrafía de las serpientes venenosas:
pinturas de muchos como pocos, de pocos como muchos.

You already dine on a gluten-free dish
of some dead old King's English.
In your heart, keep Fu
before Alexander and do
unto others as you would have others do
unto you.

En el inglés de algún fallecido y viejo rey
cenas un platillo libre de gluten.
Lleva en tu corazón, a Fu
antes que a Alexander y hazle
a otros lo que quieras que te
hagan a ti.

Children's Song

"I wish I was two dogs, then I could play with me."
I am King and Queeny,
I could chase two red squirrels up a tree,
rule a kingdom on my bed,
play very alive and very dead,
question and answer, have a dialogue,
play good dog, bad dog,
bark and laugh
with bull, cow, and calf,
answer a moo with bark bark,
have sweet company in the dark,
with four ears, listen to donkey's hee haws,
let my mom hold my hand and my paws
till Papa, hands on hips,
says, "Quiet please!" stands at the door
while I, with my two tongues, lick my lips.
I don't like dog biscuits, I like fish and chips.
I can go to bed late and early,
I can eat a bone, one, two, three, and
never be lonely, never be lonely.

Canción de niños

"Desearía ser dos perros, así podría jugar conmigo."
Soy Rey y Reina,
podría perseguir dos ardillas rojas subiendo un árbol,
gobernar un reino en mi cama,
jugar muy vivo y muy muerto,
pregunta y respuesta, tener un diálogo,
jugar a ser un buen perro, un mal perro,
ladrar y reír
con el toro, la vaca y la ternera,
contestar un muu con un wuarf, wuarf,
tener dulce compañía en la oscuridad,
con cuatro orejas, escuchar el rebuzne del burro,
dejar que mi madre agarre mi mano y mis pezuñas
hasta que papá, con las manos en las caderas,
dice, ¡*Silencio* por favor! y se para en la puerta
mientras yo, con mis dos lenguas, lamo mis labios.
No me gustan las galletas para perros, me gusta el
pescado y las patatas fritas.
Puedo irme a la cama tarde y temprano,
Puedo comer hueso, uno, dos o tres,
y nunca estar solo, nunca estar solo.

Birthday Wishes

Lovers of birthdays,
he had 99 years.
The usual toast, "a hundred years!"
would be a curse
so they gave him
a basket of Georgia peaches,
the gift of a photo:
a woman reclining naked,
her tongue showing a little,
a handkerchief, with her hair
body odor and breath.
He and his guests
will celebrate his birthday
until there are no birthdays
anymore. Lovers of birthdays,
may circumstance, fate
bring him and you
a happier love-death
than an ancient death I recall:
Achilles, his face masked
behind a copper helmet,
slaying Penthesilea
Queen of the Amazons,
as she dies, they fall in love…
Lovers of birthdays,
honest readers,
there are a few
who believe her death
the best death you can have.

Augurios de cumpleaños

Amantes de los cumpleaños,
él llegó a sus 99 años.
El brindis habitual, "¡cien años!"
hubiera sido una maldición
así que le dieron
una cesta de duraznos de Georgia,
el regalo de una foto:
una mujer desnuda reclinada,
mostrando un poco su lengua,
un pañuelo, con su cabello
olor corporal y aliento.
Él y sus invitados
celebrarán su cumpleaños
hasta que no haya ningún cumpleaños
más. Amantes de los cumpleaños,
que las circunstancias, el destino
les traigan a él y a ustedes
un amor en la muerte más feliz
que una antigua muerte que recuerdo:
Aquiles, su cara enmascarada
detrás de un casco de cobre,
asesinando a Pentesilea
Reina del Amazonas,
mientras muere, se enamoran...
Amantes de los cumpleaños,
lectores honestos,
hay quien
cree que su muerte
es la mejor muerte posible.

Spit

I've been spit at, marching for a cause,
shouts, "We know who you are" from the mob,
but I haven't done or said anything for years
worth being spit at.
I keep away from places where
if I just stood, looking as I do,
I could find spit and my killer.
I've been spit at by snakes,
grasshoppers and alpacas.
I know spit stories.
Jesus spit on mud and cured a blind man.
I heard a Welsh poet say to a Scots poet,
"I'd spit in your eye,
but there's so much spit there already
it wouldn't fit." Enough. Out of their spit
Egyptian gods made children,
while Saturn ate and spit out his children,
we needed Eden and a virgin birth. Naked
Eve ate the mouthwatering fruit of knowledge—
mortality came with spit.

*

Spit is sometimes sad,
omnipresent, it is kept out of mind—
there's so much poetry of the senses,
does spit want to be a tear?
Spit was not made to lick postage stamps,
but without spit we die screaming
from a cracked mouth full of death.
It shows family history, has quality.
No doubt, you can get a good price
for a flask or handkerchief of royal slaver—

Saliva

Me han escupido, marchando por una causa,
gritos, "Sabemos quien eres" de la multitud,
pero por años no he hecho ni dicho nada
digno de ser escupido.
Me mantengo alejado de lugares en los que
si sólo me parara, viéndome como me veo,
podría encontrar a mi asesino y un escupitajo.
Me han escupido serpientes,
saltamontes y alpacas.
Conozco historias de escupitajos.
Jesús escupió en el lodo y curó a un ciego.
Escuché a un poeta galés decirle a un poeta escocés,
"Te escupiría en el ojo,
pero hay tanta saliva ahí
que ya no cabría." Suficiente. De su saliva
los dioses egipcios hicieron hijos,
mientras Saturno se comió y escupió a sus hijos,
necesitábamos el Edén y un nacimiento virginal. Desnuda
Eva comió la apetitosa fruta del conocimiento—
la mortalidad vino con la saliva.

*

La saliva es a veces triste,
omnipresente, se mantiene fuera de la mente—
hay tanta poesía de los sentidos,
¿la saliva quiere ser una lágrima?
La saliva no se hizo para lamer sellos postales,
pero sin saliva moriríamos gritando
por una boca agrietada, llena de muerte.
Demuestra que la historia familiar tiene calidad.
Sin duda, puedes obtener un buen precio
por un frasco o el pañuelo de un esclavista real—

the proceeds given to charity.
Yes, spit anywhere can be sexual—
everything depends on the mouth.
If you can't take a little dog spit,
stay out of my house.

*

I did not spit in the face of John Donne.
When the yellow wind is blowing,
a Chinese poet would value Godly spit, its
rhymes and half-rhymes.
We don't have calligraphy,
but we have spitting images,
a likeness in a cradle, a little face
of a grandmother long dead.
Spit was not made for a spittoon,
but it likes to mingle in a crowd.
Spit doesn't have a song:
spit is like the morning dew,
it would be happy in a brook.
All water is made by God who took
ocean, mud and bones,
made Muslim, Christian, and Jew.
        Now spit has a tune.
I want to spit to the sun and moon,
above the clouds, higher than hawks fly.
Sun and moon take spit as a compliment, a new star.
They have seen everything,
fires that gossip and sing,
what Gods strangely reproduce—
Venus born out of the thigh of Zeus,
but no one has ever tried to spit so high.

los beneficios dados a la caridad.
Sí, escupir en cualquier lugar puede ser sexual—
todo depende de la boca.
Si no puedes recibir un poco de saliva de perro,
mantente fuera de mi casa.

*

No le escupí en la cara a John Donne
cuando el viento amarillo sopla
un poeta chino valoraría la saliva sagrada,
sus rimas y semi-rimas.
No tenemos caligrafía
pero tenemos las imágenes vivas
una semejanza acuñada, la carita
de una abuela muerta hace tiempo.
La saliva no fue hecha para las escupideras,
pero le gusta mezclarse en la multitud.
La saliva no tiene canción:
la saliva es como la brisa mañanera
sería feliz en un arroyo.
Toda el agua fue hecha por Dios
quien de el océano, el lodo, y los huesos,
hizo Musulmán, Cristiano y Judío.
        Ahora escupir lleva una tonada.
Quiero escupirle al sol y a la luna,
por arriba de las nubes, por arriba del vuelo de los halcones.
El sol y la luna toman la saliva como un halago,
una nueva estrella. Lo han visto todo,
fuegos que chismean y cantan,
lo que los Dioses extrañamente reproducen—
Venus nacida del muslo de Zeus,
pero nadie ha tratado de escupir tan arriba.

Waltz

Thou fool! Three score and six years
ago, I woke after a fool's daydream—
I received a pictureless postcard special delivery
from a former girlfriend in Woman's Hospital
telling me she brought forth a daughter,
her name and weight—I suppose, pride of her husband
of 7 months, a good doctor. I saved the postcard during
years of Reconstruction, pinned to the wall— my
bedroom was full of daughters without fathers. Sixty
years later, on the internet, a blessed event:
I saw a photo of the worthy doctor husband
dancing happily with his daughter, the
picture of my mother.
I saw online she was a piano tuner,
a profession of gifted souls.
Clearly she had love for her happy step-father.
She's childless, I do not know with whom she sleeps,
lover, husband, wife, dog, or cat, or just *Eine Kleine
Nachtmusik.*
She knows middle C from a hole in the ground, no
reason for her to know the mysterious ocean. My
father used to ask me who was I to think,
but I think she has a meantone temperament. Bless her,
she knows Pythagorean tuning, preludes and fugues
written in all 24 major and minor keys. May she avoid
the unpleasant wolf interval.

The child, mother to the man, taught me
fifths, fourths, thirds, both major and minor,

Vals

"Cualquiera que diga Idiota, será reo del infierno de fuego."
-Mateo 5:22

¡Idiota! Hace sesenta y seis años,
me desperté tras de una tonta ensoñación—
recibí una postal sin fotografía, entrega especial
de una antigua novia en el Hospital de Mujeres
diciéndome que había dado a luz a una hija,
su nombre y su peso—supongo, el orgullo de su marido
de 7 meses, un buen médico. Guardé la postal
durante los años de la Reconstrucción, clavada en la pared—
mi habitación estaba llena de hijas sin padres.
Sesenta años más tarde, en el internet, un evento bendito:
Vi en una foto al digno esposo médico
bailando alegremente con su hija,
ella, la viva imagen de mi madre.
Vi en internet que era una afinadora de pianos,
una profesión de almas dotadas.
Claramente ella tenía amor por su feliz padrastro.
Ella no tiene hijos, no sé con quien duerme,
amante, marido, mujer, perro, o gato,
o simplemente *Eine Kleine Nachtmusik*.
Conoce el Do de un agujero en el suelo,
no hay razón para que ella conozca el misterioso océano.
Mi padre solía preguntarme quién era yo para pensar,
pero creo su temperamento es de un mal tono. Dios
la bendiga, ella conoce la afinación pitagórica, preludios y
fugas escritos en las 24 tonalidades mayores y menores.
Que evite la desagradable quinta del lobo.

El niño, la madre del hombre, me enseñó
quintos, cuartos, tercios, tanto mayores como menores, a

often in an ascending or descending pattern,
the beat, frequencies between notes,
then, of course, the psychoacoustic affect.
My overused ears tend to perceive
the higher notes as flat, compared to those at midrange.
I bought myself a tuning fork for Father's Day.

I think I'll go swimming, look under water
for a fathered and un-fathered daughter. At
65, would it be better for her to know which
father is her father?
Could I explain the look on her mother's face
when her mother sometimes looked
for the Jew and poet in her Christian daughter?
Would my daughter play on her baby grand the
Great Deception Waltz
if out of terrible curiosity I told her the truth?

menudo en un patrón ascendente o descendente, el ritmo,
las frecuencias entre las notas,
entonces, por supuesto, el efecto psicoacústico.
Mis oídos sobre usados tienden a percibir las notas más altas
como planas, en contraste con las de rango medio.
Me he comprado un diapasón para el Día del Padre.

Creo que voy a nadar, buscar bajo el agua
a una hija con padre y a otra sin padre.
A los 65, ¿sería mejor para ella saber cuál
padre es su padre?
¿Podría explicar la mirada en la cara de su madre
cuando su madre a veces buscaba
al Judío y al poeta dentro de su hija cristiana?
¿Tocaría mi hija en su piano de cola
el gran vals de la decepción,
si por una curiosidad terrible le dijera la verdad?

Review

A clothesline
tied from a white pine to a weeping willow,
your old and new clothes washed clean.
Friend, we remember when poets who made it new
swam the Yangtze, Passaic
Thames and Charles.
Once, like Hart Crane, we wore bathing suits with tops.
You're right, it's true, it's better to look
at the fat lady in the circus, her legs spread apart
from the ankles up, than the naked truth.
Why are there no laughing willows?
There are giggling streams.
After a dry spell in August and a good rain,
I've heard laughter in another part of the forest
and six-feet golden bantam corn growing—
it sounds like happiness,
until about 8pm above the Hudson.
I would like one of your entertaining
collages that cost $8,000 plus tax—
I very much prefer your poetry,
all that civilized wilderness
I can buy and keep for 8 cents a page.

Reseña

Una cuerda para tender la ropa
amarrada de un pino blanco a un sauce llorón,
tu ropa limpia, nueva y vieja.
Amigo, recordemos a los poetas que la hicieron nueva
que nadaron el Yangtze, el Passaic,
el Támesis y el Charles.
Una vez, como Hart Crane, usamos trajes de baño con tirantes.
Tienes razón, es verdad, es mejor ver
a la señora gorda del circo, sus piernas separadas
de los tobillos hacia arriba, que a la desnuda verdad.
¿Por qué no hay sauces riendo?
Hay arroyos risueños.
Después de una sequía en agosto y una buena lluvia,
he escuchado risas en otra parte del bosque
y seis pies de maíz dulce dorado creciendo—
suena a felicidad,
hasta las 8pm sobre el Hudson.
Me gustaría uno de tus entretenidos
collages que cuestan 8,000 dólares más impuestos—
aunque prefiero tu poesía
a todo ese civilizado desierto
que puedo comprar y guardar por 8 centavos la página.

Silence

Trees and flowers elbow their neighbors
out of sunlight and rain.
Born misdirected, to better myself,
I made an "In God We Trust" soup
out of vegetable pickings, not killings,
against the recipe: devour one another
to stay alive. In another universe
God may have corrected His mistakes.
I give Him, Her, Them the benefit of doubts. I
would steal, if I had to, His gifts of fire, air
and water. I no longer take for granted
the spectacular inventions, birth and ignorance,
the failed experiment: death.

I could forget this palaver, blame it all on bang,
unbuttoned chance, personal pronouns.
How did we come to be us, the swarm, the packs,
snakes like years wrapped around each other? Do
all living things celebrate Good Fridays, holy and
unholy days and nights,
a certain thoughtfulness, like two nipples
for twins, eight for puppies and foxes? Is
love a good name for all this?
If not—anyword.

Now, for a long dead Australian I love,
Bertie Whiting, I will consider
the just-born kangaroo: life-size earthworm
with almost legs dropped to the ground, blind "joey,"
alone in the universe, makes its way up Mama's leg
into her sack to suck—later, it jumps out, grazes on its
own half an hour—

Silencio

Los árboles y flores a codazos, sacan a sus
vecinos fuera de la luz del sol y la lluvia. Nacido
mal dirigido, para mejorar mi persona,
hice una sopa de "In God We Trust"
con mezclas de vegetales, no de matanzas,
en contra de la receta: devórense entre sí
para permanecer vivos. En otro universo
Dios puede haber corregido sus errores.
Le doy a Él, Ella, Ellos el beneficio de la duda.
Robaría, si tuviera que hacerlo, sus dones de fuego,
aire y agua. Ya no doy por sentado
las invenciones espectaculares, el nacimiento y la ignorancia,
el experimento fallido: la muerte.

Podría olvidar esta palabrería, echarle la culpa a la explosión,
oportunidad desabrochada, los pronombres personales.
¿Cómo llegamos a ser nosotros, el enjambre, las manadas,
las serpientes enredadas como años una alrededor de la otra?
¿Será que todos los seres vivos celebran los Viernes Santos,
días sagrados y profanos, noches sagradas y profanas, una
cierta consideración, como dos pezones
para los gemelos, ocho para los cachorros y los zorros?
¿Es el amor un buen nombre para todo esto?
Si no —cualquier palabra.

Ahora, para un amor australiano muerto hace mucho tiempo,
Bertie Whiting, voy a considerar
al canguro recién nacido: lombriz de tamaño natural
con piernas casi caídas hasta el suelo, el ciego "Joey"
solo en el universo, abriéndose paso por la pierna de su mamá
hacia su saco para chupar— después, salta a la vista,
pace en su propia media hora—

a touch of fear,
first joy of coming back after being alone.

 (A newborn Einstein on the ground,
given E=mc2, could not, on his own,
make his way to his mother's tit.)
After a consistent 235 days,
the joey leaves the pouch forever,
whispers in kangaroo, "Mama, I'll never forget you."

In the world's boat, everything that is or was
causes me to praise and curse. Praise plus
curse divided by two
equals silence, not prayer.

un toque de miedo,
después la primera alegría de volver a estar solo.

(Un Einstein recién nacido en el suelo,
dada E = mc2, no podría, por sí mismo,
hacer su camino a la teta de su madre.)
Después de 235 días consistentes, Joey
sale de la bolsa para siempre,
susurra en lengua de canguro, "Mamá, nunca te olvidaré."

En el barco del mundo, todo lo que es o haya sido
me hace alabar y maldecir.
Alabanza más maldición dividido entre dos
sí equivale a silencio, no a oración.

Elegy for Elia

Three years ago, dying, in pain,
you told me to my face—"Life everlasting
is to be loved at the moment of death."
To cheer up this gathering, I recall
a fight you had with your lover husband
who said in rage, "If you go to California I
won't water your plants."

Elia, you Turkish Greek Ladino beauty,
all your life you served Dionysus
in the theater and unholy places.
He had power to protect you.
Where was the God of the grape harvest,
the theater and ritual madness,
when the laborers kept sweeping your cancer
and rotten blood as if cleaning a gutter,
tangled hoses, tubes in all your woman holes
and subway tracks? You kept your smile
with all its colors, as if you were a bug
in a bottle of formaldehyde at the hospital or studio
that once smelled of oil paints, linseed oil,
turpentine, and the perfumes you and Sappho
used a touch of in certain places.

There is still hope of deathly justice,
perhaps, perhaps, perhaps
an angel will come with her harp and sing,
the harp itself beautiful as the Brooklyn Bridge,
and flower pots on New York City roofs
your lover painted. An unknown psalm
in Hebrew in parallel rhymes:
O Elia, my Elia

Elegía para Elia

Hace tres años, muriendo, en agonía,
me dijiste a la cara—"La vida eterna
es ser amado en el momento de la muerte."
Para alegrar esta reunión, recuerdo
una pelea que tuviste con tu esposo y amante
quien dijo enfurecido, "Si te vas a California no
regaré tus plantas."

Elia, belleza turca grecolatina,
toda tu vida le has servido a Dionisio
en el teatro y en los lugares profanos.
Él tenía el poder para protegerte.
¿En dónde estaba el Dios de las cosechas de uva,
del teatro y de la locura de los rituales,
cuando los trabajadores seguían barriendo tu cáncer
y tu sangre podrida como si limpiaran una coladera,
mangueras enredadas, tubos en todos tus orificios femeninos
y vías del metro? mantuviste tu sonrisa
con todos sus colores, como si fueras un bicho
en una botella de formaldehído en el hospital o en el estudio
que alguna vez olió a óleo, aceite de linaza,
aguarrás y a los toques de perfumes que tú y Safo
usaban en ciertos sitios.

Todavía hay esperanza en la justicia de la muerte,
quizás, quizás, quizás
un ángel vendrá con su arpa y cantará,
el arpa hermosa en sí misma como el puente de Brooklyn,
y las macetas en los techos de la ciudad de Nueva York
que tu amante pintó. Un salmo desconocido
en hebreo, en rimas paralelas:
Oh Elia, mi Elia

your life was reason for the Lord, Ancient of Days,
with his 42 names to give thanks and praise.

*

Lord or not Lord, Monsieur Descartes,
silence is a sound that establishes your heart.
You made noise for the Lord,
noise is sometimes right, sometimes wrong,
war songs and love songs—
peace comes with a governance of good and evil
independent of Paradise or Hell.

Who in New York or Istanbul will deny the possibility
that a wind God with purple wings,
will come and carry you off,
lift your body out of an oak crate,
its American dirt, its amphora,
carry you to the ancient olive trees of Smyrna.
Male or female, he will do unto you what Gods do.
We all become dust and morning dew
blown away from here to there
out there—how far? Take any number
and add a mile of zeros.
We are not resurrected, we are misdirected.
Misdirected, will stand on stage again,
the congregation in the pit.
The play is called *Nothing*.
Sooner or later you, all of us,
have a second death—we are warned
like Cordelia, "Nothing will come of nothing."
Wouldn't it be nice if in the end we married France?
O star of many wonders,
"always, always, always, always."
I forgot to say, to death there is no consolation.

tu vida fue motivo para el señor, el Anciano de los días,
con sus 42 nombres para dar gracias y alabar.

*

Señor o no Señor, Monsieur Descartes,
el silencio es un sonido que funda tu corazón.
Hiciste ruido para el señor,
el ruido a veces está bien, a veces mal
canciones de guerra y canciones de amor—
la paz viene con una gobernanza del bien y del mal
con independencia del Paraíso o del Infierno.

Quién negaría la posibilidad de que en el futuro
ya sea en Nueva York o en Estambúl
un dios de viento con alas moradas
venga y te lleve,
de que ese dios levantará tu cuerpo de una caja
de roble, su tierra americana, su ánfora,
te cargará hasta los olivos centenarios de Smyrna.
Hombre o mujer, te hará lo que hacen los Dioses.
Todos nos convertimos en polvo y en rocío de la mañana
soplados lejos de aquí para allá
ahí afuera— ¿qué tan lejos? Toma mi número
y añádele una milla de ceros.
No somos los resucitados, somos los mal dirigidos.
Mal dirigidos, nos pararemos en el escenario de nuevo,
la congregación en la fosa.
La obra se llama *Nada*.
Tarde o temprano a tí, a todos nosotros,
nos llega una segunda muerte—se nos advierte
como a Cordelia, "Nada saldrá de nada."
¿No sería agradable si al final nos casáramos con Francia?
Oh estrella de múltiples maravillas,
"siempre, siempre, siempre, siempre."
Me olvidé de decir, para la muerte no hay consuelo.

Gardens and Unpunctuated Poetry

Gardens do not need punctuation
between the lavender and peonies
baby's breath and violets
commas do not offer anything to morning glories
or devil's paintbrush or roses
the way the world is made
fragrant scarlet orchids and sweet peas
are not in apposition
the thought that gardens should have semicolons
or colons silly as street signs in a garden
Stop   No Left Turn   Dead End

Save hydrangeas from the parenthesis
the gardens of Grenada from upside down question marks
save anemones from the circumflex
the Dutch tulip from the umlaut
may Apollo protect a thousand palm trees
from a single exclamation mark
the amaryllis from the em dash
even now an Irish wart from a Roman nose

Palm trees and poems under the sky
do not need further clarification
certainly there are borders and caesuras
in poems gardens and door-yards
we see the mass slaughter of living things
there are stops worse than punctuation
some may choose to read an ancient garden
from right to left

Jardines y poesía sin puntuación

Los jardines no necesitan puntuación
entre la lavanda y las peonías
el velo de novia y las violetas
las comas no le ofrecen nada a las enredaderas
o al espinazo del diablo o a las rosas
la forma en que está hecho el mundo
las orquídeas fragantes escarlata y los guisantes
no están en oposición
la idea de que los jardines deben tener un punto y coma
o dos puntos tan tontos como señales en el jardín
Alto   Vuelta prohibida   Calle cerrada

Salva a las hortensias de los paréntesis
a los jardines de Granada de los signos de interrogación
invertidos salva a las anémonas del circunflejo
al tulipán holandés de la diéresis
que Apolo proteja a un millón de palmeras
de un solo signo de exclamación
a la amarilis del guión largo
incluso ahora a una verruga irlandesa de una nariz romana.

Las palmeras y los poemas bajo el cielo
no necesitan más aclaraciones ciertamente
existen fronteras y cesuras
en poemas jardines y puertas de los patios
vemos la masacre de seres vivos
hay paradas peores que la puntuación
algunos pueden optar por leer un antiguo jardín
de derecha a izquierda.

or as a field that is plowed from the bottom of a page to the top
reading a garden or a poem depends on the reader's
need to praise or to live near flowers and certain words
he or she may want to linger a while
on a surprising verb or lily

I cheer for the first crocus pushing through the snow
proof to many God keeps his flowers and his word
I have seen fields of cornflowers and poppies
all the life they hold cut in two
by railroad tracks highways billboards oil fields
coal mines shopping centers and motels
things worse than punctuation
because the ocean was once where the garden and valley is
perhaps the reason the potato has a purple flower
the reason fish know the dances of India and Andalusia
why a gardener has written a poem about the word *the*
somehow left behind by the retreating tides

I have found gardeners on their knees
and farm workers laboring in the scorching sun
no less reverent than praying nuns
sometimes the world intrudes on gardening
poetry and punctuation
on a scorching August day a black field-hand
from my neighbor's potato field
knocked on my air conditioned purple door
I found his distress frightening
why was he suffering like a wounded soldier

o como un campo que se ara de abajo para arriba
leer un jardín o un poema depende de la necesidad del lector
de alabar o vivir cerca de flores y ciertas palabras
él o ella podrían querer quedarse un rato
en un verbo sorprendente o en un lirio

Aplaudo al primer azafrán atravesando la nieve
demostración para muchos de que Dios mantiene sus flores
y su palabra he visto campos de ancianos y amapolas
toda la vida que poseen cortados en dos
por vías del tren carreteras espectaculares campos de petróleo
minas de carbón centros comerciales y moteles
cosas peores que la puntuación
porque el océano estaba alguna vez donde está el jardín y el valle
tal vez la razón por la cual la papa tiene una flor púrpura
la razón por la cual los peces se saben los bailes de la India y Andalucía
por qué un jardinero ha escrito un poema sobre la palabra *él*
de alguna manera olvidada por las mareas que se retraen

He encontrado en plena labor a jardineros arrodillados
y a campesinos bajo el sol abrasador
no menos reverentes que monjas rezando
a veces el mundo se entromete en la jardinería
poesía y puntuación
en el campo de patatas de mi vecino
en un caluroso día de agosto la mano del peón
golpeó la puerta morada de mi aire acondicionado
encontré su angustia aterradora
por qué estaba sufriendo como un soldado herido

entering my life knocking on my door when
there was no war nearby
in terrible pain he said something like   got a beer
I gave him lemonade and a wet towel
little or no comfort
something like punctuation

entrando en mi vida llamando a mi puerta
cuando no había ninguna guerra cercana
con terrible dolor dijo algo así como preguntar   tienes una cerveza
le di una limonada y una toalla mojada
poco o ningún consuelo
algo así como la puntuación

Tears

Forty years ago, I wrote I would sooner disgust you than ask for
your compassion. My tears are barley water. I give you my tears to
wash your feet. My tears are lace on my father's face. My tears are
old rags that do not fit me. My tears are spit on my face, I know
spit is sexual. My tears mean no more to me than my grocery bill.
My tears are produce I stand in line for. Crying makes me a child,
female, shows I am a man speechless about love. I would sooner
hold a porcupine than defend tears. My dogs may pull it to pieces, get a
mouthful of quills . . . it's too lonely. I can't take care of it. I
begin to feel the wish to kill—the thing is dangerous. I don't know what
it eats. (A porcupine is the other animal that cries with tears.)
I cover my eyes with my hands. I have betrayed the impossible,
my porcupine— the thing's alive, smells of urine. I look for gills,
see ears, I feel the weight of thorns and flesh, Christ's crown. I
went into the woods that know me. The trees remembered my
mother. Wildflowers taught me reality, like them, is just what
is. The leaves set an example of representative democracy. The
wind taught me chants and common prayer. The sunflower taught re-
sponsiveness, the dew punctuality. Oh my teachers, where did I
ever learn my vices? Walking with you in the woods I have learnt
lust. Your lips taught me to be lazy. Your eyes taught me greed.
Your touch to lie. You have burned my woods . . . cut down trees,
left me only with a snake, the penalty for all those who search for para-
dise . . .

Lágrimas

Hace cuarenta años, escribí que primero te daría un disguto que
solicitar tu compasión. Mis lágrimas son agua de cebada. Te doy
mis lágrimas para lavar tus pies. Mis lágrimas son encaje en la
cara de mi padre. Mis lágrimas son ropa vieja que no me queda.
Mis lágrimas son saliva en mi cara, sé que la saliva es sexual.
Mis lágrimas no significan para mí más que mi factura del supermercado.
Mis lágrimas son productos por los que espero en fila. Llorar me
hace un niño, femenino, demuestra que soy un hombre sin habla
sobre el amor. Yo preferiría sostener un puercoespín que defender las
lágrimas. Mis perros pueden hacerlo pedazos, conseguir un bocado de
púas. . . está demasiado solo. No puedo cuidar de él. Comienzo a sentir
el deseo de matar—la cosa se pone peligrosa. No sé lo que come.
(El puercoespín es el otro animal que llora con lágrimas.) Me tapo los
ojos con las manos. He traicionado lo imposible, a mi puercoespín—la
cosa está viva, huele a orina. Busco branquias, veo orejas, siento el peso
de las espinas y la carne, de la corona de Cristo. Fui a los bosques que
me conocen. Los árboles se acordaron de mi madre. Las flores silvestres
me dieron una lección de realismo, como ellas, lo que es, es justo. Las
hojas son un ejemplo de la democracia representativa. El viento me
enseñó cantos y una oración en común. El girasol me enseñó la
capacidad de respuesta, la puntualidad del rocío. Oh mis maestros,
¿en dónde adquirí mis vicios? Al caminar contigo en el bosque aprendí
la lujuria. Tus labios me enseñaron a ser perezoso. Tus ojos me
enseñaron la codicia. Tu toque a mentir. Has quemado mi bosque. . .
cortado mis árboles, me has dejado solamente con una serpiente, el
castigo de todos aquellos que buscan el paraíso.

For Good Measure

He painted his faults,
what he could not see clearly,
he was the better for it.
He painted the unlikely,
the *un* of things:
unhappy, unforeseen
the uneventful everyday,
an abstract all or the everything, the fibs
"breath poor and speech unable"
the circle and straight lines
of what he called always
the abcs of never.
He dressed without thinking about the weather,
what colors go with, dandy or maudit.
In the lift, by mistake, he nudged his neighbor
he barely knew. His hand too high,
he waved as if from across the street.
He washed his brushes
in turpentine, the sink became
a gorge of sunrise and sunset.
Friends phoned,
he answered, "Pronto,"
Dígame, "Oui,"
on a party line,
the Coney Island of telephones.
He was proud his callers heard from one word
his preferences, he was a rubble king.

Ninety years after he was given light,
an after-dinner drunk, one time or another—*Strega,*
Chartreuse, Anis de Chinchón, calvados, grappa— he
could not remember.

Por añadidura

Pintó sus defectos,
lo que no podía ver con claridad,
era aún mejor gracias a esto.
Pintó lo improbable,
lo *im* de las cosas:
imposible, imprevisto
el día a día sin incidentes,
el todo abstracto o el todo, las mentiras
"aliento pobre y habla incapaz"
el círculo y las líneas rectas
de lo que siempre llamó
el abc del nunca.
Se vistió sin pensar en el clima,
qué colores combinan, dandy o maldito.
En el ascensor, por error, le dio un codazo al vecino
a quien apenas conocía. Su mano demasiado alta,
la agitaba como si estuviera del otro lado de la calle.
Lavó sus pinceles
en aguarrás, el lavabo se convirtió
en una garganta engullendo la salida y la puesta del sol.
Sus amigos llamaron por teléfono,
él respondió: "Pronto,"
"Dígame," "Oui," en una línea
telefónica del partido,
la Coney Island de los teléfonos.
Él, orgulloso de que sus preferencias se percibieran
con una palabra, era el rey de la basura.

Noventa años después de que se le dio a luz,
un borracho después de la cena, una vez u otra—*Strega,
Chartreuse, Anís de Chinchón,* calvados, grappa—
No podía recordar.

when he did not hear the knocking at the gate,
sleepless on port
he played the porter in *Macbeth*.
He said with his loaded brushes, he painted error,
impossible arguments—although they were studies,
his paintings taught
the mountains and deserts of hatred:
the Himalayas Atlas Alps Pyrenees, lost souls,
the Gobi Sinai and Sahara, to love their neighbors—
green valleys were children.
He was a citizen of mythos,
a migrant from the cosmos,
not part of the retinue of chaos.
He could no longer draw a circle.

One Sunday morning,
faulted, almost blind,
he wrote a letter in large script
that went up and down hill:
" . . . my darling, I can still paint what I think,
blind eagles and dumb gossips,
differences between fault, sin, mistake,
the unlikely less likely,
a few remembered faces,
the anatomy of my melancholy,
dung and scat, the Dead Sea,
Chinese bridges that are also temples.
I paint changing seasons, what I don't have words for,
because no two things happen at once.
A few painters said it all,
almost all, others have their right to pleasures
every horse's ass has a right to.
Kisses for good measure."

(una vez, su *donna di casa* mandó por un sacerdote).
cuando no escuchó los golpes en la puerta.
Sin poder dormir en el puerto
interpretó al portero en *Macbeth.*
Dijo con sus pinceles cargados, que pintaba el error,
argumentos imposibles— aunque eran estudios,
sus pinturas le enseñaban
a las montañas y a los desiertos sobre el odio:
los Himalayas Atlas Alpes Pirineos, almas perdidas,
el Gobi Sinaí y Sahara, a amar a sus vecinos—
los valles verdes eran niños.
Era ciudadano de los mitos,
un inmigrante del cosmos,
no era parte de la comitiva del caos.
Ya no podía dibujar un círculo.

Un domingo por la mañana,
casi ciego, con faltas
escribió una carta con letra grande
que iba cuesta arriba y cuesta abajo:
"… querida, todavía puedo pintar lo que pienso,
águilas ciegas y chismes tontos,
diferencias entre culpa, pecado, error,
lo improbable más poco probable,
pocas caras recordadas,
la anatomía de mi melancolía,
el estiércol y la mierda, el Mar Muerto,
puentes chinos que son también templos.
Yo pinto estaciones cambiantes, de lo que no tengo palabras,
porque no hay dos cosas que sucedan al mismo tiempo.
Unos pocos pintores lo decían todo,
casi todo, otros tienen derecho a los placeres
cada culo de caballo reclama su derecho.
Besos por añadidura."

A Walk

I saw the serpent in the garden
when I was two or three,
the bone of my head still hardening.
I walked with my father who held my hand
crossing Liberty Avenue,
talking over my head
he recited Shakespeare: tragical-comical
historical-pastoral-Samuel.
He was learning lines
he needed for an exam.
I remember my feelings, not the words.
Some forty years later, he thanked me
for the Shakespeare he remembered.
I said no, it was I who owed the debt,
kissed him without regret.

Una caminata

Vi a la serpiente en el jardín
a los dos o tres años,
cuando aún se endurecía el hueso de mi cabeza.
Caminé con mi padre que sostenía mi mano
al cruzar Liberty Avenue,
hablando por encima de mi cabeza
recitaba a Shakespeare: trágico-cómico
histórico-pastoral-Samuel.
Estaba aprendiendo aquellas líneas
que requería para un examen.
No recuerdo las palabras, sí mis sentimientos.
Unos cuarenta años después, me agradeció
el Shakespeare que aún recordaba.
Dije que no, que era yo quien había contraído la deuda,
lo besé sin mortificación.

Last Meow

Fifty stories high,
a colossal white leopard in the wintry city
is the upper half of the Empire State Building,
thanks to twenty thousand lumen projectors,
not just a trick, but a cunning cat
with other endangered species.
I hear its cry above the city traffic.
Let the leopard take over Manhattan, meowing,
growling with hunger louder than a fire truck.
I bring rats and gallons of milk,
as I will every day, hoping it will stay.
Sometimes it holds me by the back of my neck,
carries me wherever it wants to go.
I call it Poetry. I call it my pussy cat,
my kitten I've been sleeping with all my life.
My big cat reads, respects the stone lions
in front of the 42nd Street Library.
In the main reading room it works, studies
which monuments the cats of Rome,
Paris, and Jerusalem make home—
the periphrastic reasons, causes, why.
Poetry slouches its way up Broadway
north toward the Himalayas.
It takes me through avalanche and blizzards,
the sunlight and lanterns
of the Analects, Gita, Koran, Bible.
We roll together, I discover its privates.
The gigantic cat has got me by the throat,
holds me down by a paw in the snow.
I never thought I would go like this.
I always felt death was supernatural. If I can,
I told Zhu Ming, my Christian-Buddhist cousin,
I'll come back as a butterfly in winter
so she'll know it's me.

Último maullido

A cincuenta pisos de altura,
un leopardo blanco colosal en la ciudad invernal
es la mitad superior del edificio Empire State,
gracias a veinte mil proyectores lumen,
no sólo un truco, si no un gato astuto
con otras especies en peligro de extinción.
Escucho su grito por encima del tráfico de la ciudad.
Deja al leopardo apoderarse de Manhattan, maullando,
rugiendo de hambre más fuerte que un camión de bomberos.
Traigo ratas y galones de leche,
como lo haré todos los días, deseando que se quede.
A veces me agarra por detrás del cuello,
me lleva a donde quiere ir.
Lo llamo poesía. Lo llamo minino mío,
mi gatito con el que he estado durmiendo toda mi vida.
Mi gran gato lee, respeta a los leones de piedra
frente a la Biblioteca de la calle 42.
En la sala principal de lectura trabaja, estudia
en cuales monumentos los gatos de Roma,
París y Jerusalén hacen su casa—
las razones perifrásticas, las causas.
En su camino por Broadway se encorva la poesía
al norte hacia los Himalayas.
Me lleva a través de avalanchas y tormentas de nieve,
de la luz del sol y de las linternas
de los Analectas, la Gita, el Corán, la Biblia.
Rodamos juntos, descubro sus partes íntimas.
El gigantesco gato me tiene agarrado de la garganta,
me sujeta con una pata en la nieve.
Nunca pensé que así me iría.
Siempre sentí que la muerte era sobrenatural. Si me fuera posible
le dije a Zhu Ming, mi primo cristiano y budista,
para que en invierno ella me reconozca
volveré como mariposa.

My Good Old Shirt

Anything is the same old anything.
I've become part of the thingness
of all things I see: for example,
I am partly chair and table.
Moonless, the night seems almost as it was
last moonless night.
I let my shirt, my good old shirt,
lie quietly on my chair.
Not trained in any religion,
I've become the thingness I see.
Angered, I have no saint.
I don't want to be awakened by Christian bells
or called to prayer by first light,
when you can distinguish
a white from black thread.
The sound of a ram's horn
does not call me to synagogue.
I throw kisses at an elephant God
and a God of preservation.
Let me be awakened by a dream,
a jolted passenger,
awake to the everyday.
I sing of the universal,
the thingness of all things I see.

Mi buena camisa vieja

Cualquier cosa es la misma cosa vieja.
Me he convertido en parte de la materialidad
de todas la cosas que veo: por ejemplo,
soy en parte silla y en parte mesa.
Sin luna, la noche parece casi como lo fue
la última noche sin luna.
Dejo mi camisa, mi buena camisa vieja,
tendida en silencio sobre mi silla.
Sin ser preparado en ninguna religión,
me he convertido en la materialidad que veo.
Enfurecido, no tengo ningún santo.
No quiero ser despertado por las campanas cristianas
o ser llamado a la oración de la primera luz,
cuando se puede distinguir
un hilo blanco de uno negro.
El sonido de un cuerno de carnero
no me llama a la sinagoga.
Le lanzo besos a un Dios elefante
y a un Dios de la conservación.
Permíteme ser despertado por un sueño,
un pasajero sacudido,
despierto a lo cotidiano.
Canto sobre lo universal,
la materialidad de todas las cosas que veo.

9 Chocolates

It was a shock for me to realize
I have not seen the Atlantic Ocean
for two years, not seen the truth she represents,
the beautiful and terrible world,
not embraced her or been embraced,
tasted and smelled her, knocked off my feet,
not heard her many languages.
I address her only with baby talk,
her face more familiar than any face I know,
the face of every woman I've ever known,
the most protective and life-threatening.
When I saw her every morning first thing,
there was always a kiss,
the stroking of my face and body going one way
then the slap on the way back.

I've thought I'd be buried under a loved red oak
on a day like this in August
when trees are happy and beautiful as a tree can be
except perhaps some in snow,
but now I prefer you throw me overboard
into the city of God. The Atlantic nods and smiles.
She's heard so much of my nonsense through the years,
seems to remember everything I ever said or wrote.
The tide comes in. She forgets everything I ever said or wrote.

The faces on the city streets and seabirds
all look very familiar to me.
They've got my number.

9 chocolates

Fue un shock para mí darme cuenta
que no he visto la mar, que por dos años
no he visto El Atlántico, la verdad que representa,
el mundo hermoso y terrible
que no he abrazado ni me ha abrazado,
no he probado y olido, no ha golpeado mis pies,
no he oído sus múltiples idiomas.
Me dirijo a la mar sólo con un lenguaje infantil,
su cara más familiar que cualquier otra cara que conozco,
el rostro de todas las mujeres que he conocido,
la de mayor protección y la que más amenaza a la vida.
Cuando la veía todas las mañanas a primera hora,
siempre había un beso,
la caricia de mi cara y de mi cuerpo yendo en una dirección
luego una bofetada de vuelta.

He pensado que estaría enterrado bajo un amado roble rojo
en un día como este de agosto
cuando los árboles son felices y bellos como sólo un árbol puede serlo
excepto tal vez algunos en la nieve,
pero ahora prefiero que me tires por la borda
hacia la ciudad de Dios. La Atlántica asiente y sonríe.
Ha escuchado tantas de mis tonterías a través de los años,
que parece recordar todo lo alguna vez he dicho o escrito.
Llega la marea. Ella olvida todo
lo que alguna vez he dicho o escrito.

Las caras en las calles de la ciudad y las aves marinas
son todas muy familiares para mí.
Me captan. Retienen mis números.

Numerology is familiar to me as chocolate.
Because nine means life in Hebrew,
I eat nine chocolates a day
from a box, its lid a painting of crawling Aristotle,
Phyllis riding his back.
Nothing but ocean around me horizon to horizon,
I'm heading east, bound for Dublin, Plymouth,
Barcelona, Venice, and Pireaus.
I've been known to trust only the stars
and my own hopeless intuition,
not instruments, even in a storm.
Always lost, I'm free, self-reliant.
The first sight of land, I think is Ireland, is Norway
—Ibsen, not Yeats or Joyce today.
After a while, I'm off to China using charts
(after all, the Chinese invented the compass).
On my tombstone, thrown overboard, I write,
"Here lies Stanley. He knew where north was.
Sooner or later, he believed the world would be
an Irish / Jewish / Chinese / African fish who reads.
Now it is easier to write than to read."

La numerología me es tan familiar como el chocolate.
Porque nueve significa vida en hebreo,
yo me como nueve chocolates al día
de una caja, una pintura de Aristóteles arrastrándose
en la tapa, Phyllis montado en su espalda.
Nada más que océano a mi alrededor de horizonte a horizonte,
me dirijo al este, con destino a Dublín,
Barcelona, Venecia y El Pireo.
He sido conocido por confiar sólo en las estrellas
y en mi propia institución sin esperanza,
no gracias a instrumentos, incluso en medio de una tormenta.
Siempre perdido, soy libre, autosuficiente.
Al divisar tierra, asumo que es Irlanda, que es Noruega,
— Ibsen por hoy, ni Yeats ni Joyce.
Al poco tiempo, usando mapas, me voy a China
(después de todo, los chinos inventaron la brújula).
En mi lápida, que será arrojada por la borda,
escribo:
"Aquí yace Stanley. Sabía en dónde estaba el norte.
Creía que, tarde o temprano, el mundo sería un pez
irlandés / judío / chino / africano que lee.
Ahora es más fácil escribir que leer."

The Seagull

When I was a child, before I knew the word for love
or snowstorm, before I remember a tree,
I saw a pigeon in a blizzard, knocking
against the kitchen window, trying to get in.
My first clear memory of terror,
I kept secret, my intimations
I kept secret.

This winter I hung a gray and white stuffed
felt seagull from the ring of my window shade,
a reminder of good times by the sea,
Chekhov and impossible love.
It pleases me the gull
sometimes lifts a wing in the drafty room.
Once when looking at the gull I saw
through the window a living seagull glide
toward me then disappear—what a rush of life!
I remember its here-ness, while in the room
the senseless symbol, little more than a bedroom slipper
dangled on a string.

My childhood hangs like a gull
in the distant sky,
behind loneliness,
it watches some dark thing below.
I saw before an approaching storm
the seagull stays off the ocean.
On a trawler off Montauk
I am heading home full throttle,

La Gaviota

Cuando niño, antes de conocer la palabra para el amor
o tormenta de nieve, antes de que recordara un árbol,
vi una paloma en una tormenta de nieve, golpeando
contra la ventana de la cocina, tratando de entrar.
Mi primera y clara memoria del terror,
la mantuve secreta, mis insinuaciones
las mantuve secretas.

Este invierno colgué una gaviota gris y blanca de peluche
desde el anillo de mi cortina,
un recuerdo de los buenos tiempos en el mar,
Chéjov y el amor imposible.
Me agrada que a veces la gaviota
cuando hay corriente levanta un ala en la habitación.
Una vez mientras miraba a la gaviota
a través de la ventana vi deslizarse hacia mí
a una gaviota viva y luego desaparecer—¡qué ajetreo de
vida! Recuerdo su estar aquí, mientras en la habitación
un símbolo sin sentido, poco más que una pantufla
colgando de un hilo.

Mi infancia cuelga como una gaviota
en el cielo distante,
detrás de la soledad,
observa abajo alguna cosa oscura.
Vi antes una tormenta que se acercaba
la gaviota se mantiene alejada del océano.
En un barco desde Montauk
me dirijo a casa a toda velocidad,

cleaning my catch of striped bass,
seagulls dive, fighting, desperate for the guts—
their faces inches away from mine,
every face different, a sight I never saw before.
For a minute I am part of the flock—
something rises out of me,
struggles, surrounded by their cries.
I drift, glide off like my childhood
into the gunmetal sky.

limpiando el róbalo rayado de mi pesca,
las gaviotas se sumergen, luchando,
desesperadas por las vísceras —
sus caras a pulgadas de distancia de la mía,
cada una diferente, un espectáculo que nunca había visto antes.
Por un minuto soy parte de la parvada—
a veces surge de mí,
lucha, rodeado de sus gritos.
Voy a la deriva, me deslizo como mi infancia
hacia el cielo plomizo.

Merry-Go-Round

Early Poems

Primeros poemas

del carrusel

Peace

The trade of war is over, there are no more battles,
but simple murder is still in.
The No God, Time, creeps his way,
universe after universe, like a great snapping turtle
opening its mouth, wagging its tongue
to look like a worm or leech
so deceived hungry fish, every living thing
swims in to feed. Quarks long for dark holes,
atoms butter up molecules, protons do unto neutrons
what they would have neutrons do unto them.
The trade of war has been over so long,
the meaning of war in the O.E.D. is now "nonsense."
In the Russian Efron Encyclopedia,
war, *voina*, means "dog shit";
in the Littré, *guerre* is "a verse form, obsolete";
in Germany, *Krieg* has become "a whipped-cream pastry";
Sea of Words, the Chinese dictionary,
has war, *zhan zheng*, as "making love in public,"
while war in Arabic and Hebrew, with the same
Semitic throat, *harb* and *milchamah*, is defined
as "anything our distant grandfathers ate
we no longer find tempting—like the eyes of sheep."
And lions eat grass.

Paz

El comercio de la guerra ha terminado, no hay más batallas,
pero el asesinato simple sigue vigente.
El No Dios, el Tiempo, arrastra su camino,
universo tras universo, como una gran tortuga mordedora
abriendo su boca, agitando su lengua
para parecer un gusano o una sanguijuela
para que peces hambrientos engañados, todo ser vivo
llegue nadando para alimentarse.
Los Quarks anhelan a los agujeros negros,
los átomos halagan a las moléculas,
los protones le hacen a los neutrones
lo que quisieran que los neutrones les hicieran a ellos.
El comercio de la guerra ha terminado hace tanto,
el significado de la guerra en el Diccionario de Oxford
es ahora "tontería."
En la Enciclopedia Efron rusa,
guerra, *voina,* significa "mierda de perro";
en el Littré, *guerre* es "una forma de verso, obsoleto";
en Alemania, *Krieg* se ha vuelto "un pastelillo de crema batida";
Mar de palabras, el diccionario chino,
tiene guerra, *zhan zheng,* como "hacer el amor en público,"
mientras que guerra en árabe y hebreo, con la misma
garganta semítica, *harb* y *milchamah,* es definida
como "cualquier cosa que nuestros abuelos distantes comían
y que ya no la encontramos tentadora – como los ojos de una oveja."
Y los leones comen pasto.

Song of Alphabets

When I see Arabic headlines
like the wings of snakebirds,
Persian or Chinese notices
for the arrivals and departures of buses—
information beautiful as flights of starlings,
I cannot tell vowel from consonant,
the signs of the vulnerability of the flesh
from signs for laws and government.

The Hebrew writing on the wall
is all consonants, the vowel
the ache and joy of life
is known by heart. There are words
written in my blood I cannot read.
I can believe a cloud gave us the laws,
parted the Red Sea, gave us the flood,
the rainbow. A cloud teaches kindness,
be prepared for the worst wind, be light of spirit.
Perhaps I have seen His cloud,
an ordinary mongrel cloud
that assumes nothing, demonstrates nothing,
that comforts as a dog sleeping in the room,
a presence offering not salvation
but a little peace.

My hand has touched the ancient Mayan God
whose face is words: a limestone beasthead
of flora, serpent and numbers,
the sockets of a skull I thought were vowels.

Canción de alfabetos

Cuando veo encabezados árabes como
las alas de los pájaros serpientes,
avisos persas o chinos
para la llegada y partida de autobuses—
la información tan bella como los vuelos de los estorninos,
no puedo diferenciar las vocales de las consonantes,
los signos de la vulnerabilidad de la carne
de los signos de las leyes y el gobierno.

La escritura hebrea en la pared
es toda de consonantes, la vocal
el dolor y la alegría de la vida
se sabe de memoria. Hay palabras
escritas en mi sangre que no puedo leer.
Puedo creer que una nube nos dio las leyes,
dividió el Mar Rojo, nos dio la inundación,
el arcoíris. Una nube enseña bondad,
prepárate para el peor viento, anda ligero de espíritu.
Tal vez he visto Su nube,
una ordinaria nube mestiza
que no asume nada, no demuestra nada,
que conforta como un perro durmiendo en la habitación,
una presencia que no ofrece salvación
pero sí un poco de paz.

Mi mano ha tocado al antiguo dios maya
cuyo rostro son palabras: una cabeza de bestia de piedra caliza
de flora, serpiente y números,
las cuencas de un cráneo que creí vocales.

Hurrah for English, hidden miracles,
the A and E of waking and sleeping, the
O of mouth.

Thank you, Sir, alone with your name,
for the erect L in love and open-legged V,
beautiful the Tree of Words in the forest
beside the Tree of Souls, lucky the bird
that held Alpha or Omega in his beak.

Viva el inglés, milagros ocultos,
la A y la E de vigilia y sueño,
la O de la boca.

Gracias, señor, a solas con tu nombre,
por la erecta A en amor y las piernas abiertas de la V,
hermoso el Árbol de Palabras en el bosque
junto a un Árbol de Almas, afortunado el pájaro
que sostuvo a Omega o a Alfa en su pico.

The Bathers

1.

In the great bronze tub of summer,
with the lions' heads cast on each side,
couples come and bathe together: each touches only
his or her lover, as he or she falls back
into the warm eucalyptus-scented waters.
It is a hot summer evening and the last
sunlight clings to the lighter and darker blues
of grapes and to the white and rose plate
on the bare marble table. Now the lovers
plunge, surface, drift—an intruding elder
would not know if there were six or two,
or be aware of the entering and withdrawing.
There is a sudden stillness of water,
the bathers whisper in the classical manner,
intimate distant things. They are forgetful
that the darkness called night is always present,
sunlight is the guest. It is the moment
of departure. They dress, by mistake exchange
some of their clothing, and linger
in the glaring night traffic of the old city.

Los bañistas

1.

En la gran bañera de bronce de verano,
con las cabezas del león fundidas en cada lado,
las parejas vienen y se bañan juntas:
cada uno toca sólo a su amante,
mientras él o ella se dejan caer
dentro de las cálidas aguas con olor a eucalipto.
Es una calurosa noche de verano y la última
luz del sol se aferra a los azules más claros y más oscuros
de las uvas y a la placa blanca y rosa
sobre la mesa de mármol desnuda. Ahora los amantes
se sumergen, emergen, derivan— un anciano entrometido
no sabría si había seis o dos,
o no estaría al tanto de la entrada y retirada.
Hay una quietud repentina del agua,
los bañistas susurran de manera clásica,
cosas íntimas, distantes. Olvidan
que la oscuridad llamada noche está siempre presente,
la luz del sol es la invitada. Es el momento
de partir. Se visten, por error intercambian
algunas de sus prendas, y permanecen
en el deslumbrante tráfico nocturno de la vieja ciudad.

2.

I hosed down the tub after five hundred years
of lovemaking, and my few summers.
I did not know the touch of naked bodies
would give to bronze a fragile gold patina,
or that women in love jump in their lovers' tubs.
God of tubs, take pity on solitary bathers
who scrub their flesh with rough stone
and have nothing to show for bathing
but cleanliness and disillusion.

Some believe the Gods come as swans,
showers of gold, themselves, or not at all.
I think they come as bathers: lovers,
whales fountaining, hippopotami
squatting in the mud.

2.

Limpié con una manguera la tina después de quinientos años
de hacer el amor, y mis pocos veranos.
No sabía que el contacto con cuerpos desnudos
le daría al bronce una pátina de oro frágil,
o que las mujeres enamoradas saltan a las tinas de sus amantes.
Dios de las tinas, ten piedad de los bañistas solitarios
que tallan su piel con piedras ásperas
y no tienen nada para mostrar para bañarse
más que la limpieza y la desilusión.

Algunos creen que los dioses vienen como cisnes,
lluvias de oro, ellos mismos, o ninguno.
Yo pienso que vienen como los bañistas: amantes,
ballenas como fuentes, hipopótamos
en cuclillas en el lodo.

For Margaret

My mother near her death
is white as a downy feather.
I used to think her death was as distant
as a tropical bird, a giant macaw, whatever that is—
a thing I have as little to do with
as the distant poor.
I find a single feather of her suffering,
I blow it gently as she blew
into my neck and ear.

A single downy feather is on the scales,
opposed by things of weight, not spirit.
I remember the smell of burning feathers.
I wish we could sit upon the grass
and talk about grandchildren
and great-grandchildren.
A worm directs us into the ground.
We look alike.

I sing a lullaby to her about her children
who are safe and their children.
I place a Venetian lace tablecloth
of the whitest linen on the grass.
The wind comes with its song
about things given that are taken away
and given again in another form.

Why are the poor cawing, hooting,
screaming in the woods?

Para Margaret

Mi madre al acercarse su muerte
estaba blanca como una suave pluma.
Solía pensar que su muerte era tan distante
como un pájaro tropical, una guacamaya gigante,
lo que sea que sea eso—
una cosa con la que tengo tan poco que ver
como los distantes pobres.
Encuentro una sola pluma de su sufrimiento,
La soplo gentilmente mientras ella soplaba
en mi cuello y oreja.

Una sola suave pluma está en las balanzas,
opuesta con cosas de peso, no de espíritu.
Recuerdo el olor de las plumas quemándose.
Me gustaría poder sentarme sobre el pasto
y hablar sobre nietos
y bisnietos y tataranietos.
Un gusano nos dirige hacia el suelo.
Nos parecemos.

Le canto una canción de cuna sobre sus hijos
y sus nietos que están a salvo.
Pongo un mantel de encaje veneciano del
lino más blanco sobre el pasto.
El viento viene con su canción
sobre cosas dadas que son removidas
y dadas de nuevo en otra forma.

¿Por qué están los pobres graznando, ululando,
gritando en el bosque?

I wish death were a whippoorwill
the first bird I could name.
Why is everything so heavy?
I did not think
she was still helping me to carry
the weight of my life.
Now the world's poor are before me.
How can I lift them one by one in my arms?

Desearía que la muerte fuera un chotacabras
el primer pájaro que pude nombrar.
¿Por qué es todo tan pesado?
No pensé
que ella seguía ayudándome a cargar
el peso de mi vida.
Ahora los pobres del mundo están frente a mí.
¿Cómo puedo levantarlos uno a uno en mis brazos?

The Blanket

The man who never prays
accepts that the wheat field in summer
kneels in prayer when the wind blows across it,
that the wordless rain and snow
protect the world from blasphemy.
His wife covers him with a blanket
on a cold night—it is, perhaps, a prayer?
The man who never prays says kindness and prayer
are close, but not as close as sleep and death.
He does not observe the Days of Awe,
all days are equally holy to him.
In late September, he goes swimming
in the ocean, surrounded by divine intervention.

La cobija

El hombre que nunca reza
acepta que en verano, el campo de trigo
se arrodilla en oración cuando el viento sopla a través de él,
que la lluvia y la nieve sin palabras
protegen al mundo de la blasfemia.
Su esposa lo cubre con una cobija
en una noche fría—¿es, quizás, una oración?
El hombre que nunca reza dice que la bondad y la oración
son cercanas, pero no tan cercanas como el sueño y la muerte.
Él no guarda los días de arrepentimiento,
todos los días son igualmente sagrados para él.
A fines de septiembre, él va a nadar
en el océano, envuelto por la intervención divina.

The Lost Brother

I knew that tree was my lost brother
when I heard he was cut down
at four thousand eight hundred sixty-two years;
I knew we had the same mother.
His death pained me. I made up a story.
I realized, when I saw his photograph,
he was an evergreen, a bristlecone like me
who had lived from an early age
with a certain amount of dieback,
at impossible locations, at elevations
over 10,000 feet in extreme weather.
His company: other conifers,
the rosy finch, the rock wren, the raven and clouds,
blue and silver insects that fed mostly off each other.
Some years bighorn sheep visited in summer—
he was entertained by red bats, black-tailed jackrabbits,
horned lizards, the creatures old and young he sheltered.
Beside him in the shade, pink mountain pennyroyal—
to his south, white angelica.
I am prepared to live as long as he did
(it would please our mother),
live with clouds and those I love
suffering with God.
Sooner or later, some bag of wind will cut me down.

El hermano perdido

Sabía que ese árbol era mi hermano perdido
cuando escuché que había sido cortado
a los cuatro mil ochocientos sesenta y dos años;
Sabía que teníamos la misma madre.
Su muerte me dolía. Inventé una historia.
Me di cuenta, cuando vi su fotografía,
que era un árbol de hojas perennes, como yo un pino longevo
que había vivido desde una edad temprana
con una cierta cantidad de muerte regresiva,
en lugares imposibles, en elevaciones
de más de 10,000 pies en climas extremos.
Sus acompañantes: otras coníferas,
el pinzón rojo, el chivirín saltarrocas, el cuervo y las nubes,
insectos azules y plateados que se alimentaban
principalmente de ellos mismos.
Algunos años los borregos cimarrones visitaban en el verano—
era entretenido para los murciélagos rojos, liebres de cola negra,
lagartos cornudos, las criaturas viejas y jóvenes que albergaba.
Junto a él en la sombra, poleo rosa de la montaña—
al sur, angélica blanca.
Estoy preparado para vivir tanto tiempo como él lo hizo
(complacería a nuestra madre),
Vivir con nubes y aquellos que amo
sufriendo con Dios.
Tarde o temprano, algún saco de viento me cortará.

Hermaphrodites in the Garden

1.

After the lesson of the serpent there is the lesson
of the slug and the snail—hermaphrodites,
they prosper on or under leaves, green or dead,
perhaps within the flower. See how slowly
on a windless day the clouds move over the garden
while the slug and the snail, little by little, pursue
their kind. Each pair with four sexes
knows to whom it belongs, as a horse knows
where each of its four feet is on a narrow path:
two straight below the eyes, two a length behind.
There is cause and reason for,
but in the garden, mostly life befalls.
Each male female lies with a male female,
folds and unfolds, enters and withdraws.
On some seventh day after a seventh day they rest,
too plural for narratives, or dreams, or parables,
after their season. One by one they simply die—
in no special order each sex leaves the other
without comfort or desire.

2.

I open my hands of shadow and shell that covered my face—
they offered little protection from shame or the world.
I return to the garden, time's mash of flowers,
stigmas and anthers in sunlight and fragrant rain.
Human, singular, the slug of my tongue
moves from crevice to crevice, while my ear,
distant cousin of a snail, follows the breathing

Hermafroditas en el jardín

1.

Después de la lección de la serpiente está la lección
de la babosa y el caracol— hermafroditas,
prosperan sobre o debajo de las hojas, verdes o muertas, tal
vez adentro de la flor. Ve cuán despacio
en un día sin viento se mueven las nubes sobre el jardín
mientras la babosa y el caracol, poco a poco, persiguen
su propia especie. Cada par con cuatro sexos
sabe a quién le pertenece, como un caballo sabe
en dónde están sus cuatro patas en un camino angosto:
dos derechas debajo de sus ojos, dos cierta longitud atrás.
Hay una causa y una razón,
pero en el jardín, en su mayoría la vida acontece.
Cada macho hembra se acuesta con un macho hembra,
se dobla y se desdobla, entra y se retira.
En algún séptimo día después de un séptimo día descansan,
demasiado plural para las narrativas, o los sueños, o las parábolas,
después de su temporada. Uno a uno simplemente mueren—
en ningún orden en especial cada sexo deja al otro sin
consuelo ni deseo.

2.

Abro mis manos de sombra y cáscara que cubrían mi cara—
ofrecían poca protección ante la vergüenza o el mundo.
Regreso al jardín, a la mezcla del tiempo de flores,
estigmas y anteras en la luz del sol y fragante lluvia.
Humana, singular, la babosa de mi lengua
se mueve de grieta en grieta, mientras mi oreja,
prima lejana del caracol, sigue la respiración

and pink trillium of a woman who is beautiful
as the garden is beautiful, beyond joy and sorrow,
where every part of every flower is joy and sorrow.
I, lost in beauty, cannot tell which is which,
the body's fragrant symmetry from its rhymes.
I am surrounded by your moist providence.
A red and purple sunrise blinds me.

y el trillo rosa de una mujer que es bella
como el jardín es bello, más allá de la alegría y la tristeza,
en donde cada parte de cada flor es alegría y tristeza.
Yo, perdido en la belleza, no puedo diferenciar una de otra,
la fragante simetría del cuerpo de sus rimas.
Estoy rodeado de tu húmeda providencia.
Un amanecer rojo y morado me encandila.

For James Wright

Hell's asleep now.
On the sign above your bed
nothing by mouth, I read *abandon hope*.
You sleep with your fist clenched,
your tongue and throat swollen by cancer,
make the sound of a deaf child
trying to speak, the smell
from the tube in your belly
is medicinal peppermint.

You wake speechless.
On a yellow pad your last writing
has double letters—two Zs and Ys in "crazy,"
you put your hand on your heart
and throw it out to me.
A few pages earlier you wrote,
"I don't feel defeated."

In your room without weather,
your wife brings you more days,
sunlight and darkness, another summer,
another winter, then spring rain.
When Verdi came to his hotel in Milan
the city put straw on the street
below his window
so the sound of the carriages
wouldn't disturb him. If I could,
I'd bring you the love of America.

I kiss your hand and head, then I walk out on you,
past the fields of the sick and dying,
like a tourist in Monet's garden.

Para James Wright

El infierno está dormido ahora.
En el cartel encima de tu cama
nada entra por la boca, yo leo *abandona la esperanza.*
Duermes con tu puño apretado,
tu lengua y tu garganta hinchados por el cáncer,
hacen el sonido de un niño sordo
tratando de hablar, el olor
del tubo en tu vientre
es de menta medicinal.

Te despiertas sin habla.
En una libreta amarilla tu último escrito
tiene letras dobles – dos Zz más dos Os en "Zonzo"
pones tu mano sobre tu corazón
y lo avientas hacia mí.
Algunas páginas atrás tú escribiste,
"No me siento derrotado."

En tu habitación sin clima,
tu esposa te trae más días,
luz y oscuridad, otro verano,
otro invierno, luego lluvia de primavera.
Cuando Verdi llegó a su hotel en Milán
la ciudad puso paja en la calle
debajo de su ventana
para que el sonido de los carruajes
no lo molestara. Si pudiera,
te traería el amor de América.

Beso tu mano y tu cabeza, luego me retiro,
pasando por los campos de los enfermos y los moribundos,
como un turista en el jardín de Monet.

Lenin, Gorky and I

1.

That winter when Lenin, Gorky and I
took the ferry from Naples to Capri,
nobody looked twice
at the three men having a lemon ice
in Russian wool suits hard as boards.
Behind us, a forgetful green sea,
and the Russian snows storming the winter palace.
We descended, three men a bit odd,
insisting on carrying our own suitcases
heavy with books: Marx, Hegel, Spinoza.
We took the funicular
up the cliffs of oleander and mimosa,
yet through the fumes of our cheap cigars we
observed how many travelers had come to
Capri with a beauty. Lenin to Gorky:
"In Moscow they'd kill on the streets for the girl
who showed me my room."
Within an hour of our arrival
we were sitting in the piazza drinking fizz,
longing for the girls strolling by:
a mother, a sister, a daughter.
You could smell an ageless lilac in their hair.
Lenin warned, raising our level from low to high,
"Love should be like drinking a glass of water . . .
You can tell how good a Bolshevik she is
by how clean she keeps her underwear."

Lenin, Gorky y yo

1.

Aquel invierno cuando Lenin, Gorky y yo
tomamos el transbordador de Nápoles a Capri,
nadie miró dos veces
a los tres hombres tomando un helado de limón
en trajes de lana rusa duros como tablas.
Atrás de nosotros, un mar verde olvidadizo
y las nieves rusas asaltando el palacio de invierno.
Nos bajamos, tres hombres un poco extraños,
insistiendo en cargar nuestras propias maletas
pesadas con libros: Marx, Hegel, Spinoza.
Tomamos el funicular
hasta los acantilados de adelfas y mimosas,
sin embargo a través de la humareda de
nuestros cigarros baratos
observamos cuantos viajeros habían venido
a Capri con una belleza. Lenin a Gorky:
"En Moscú matarían en las calles por la chica
que me mostró mi habitación."
Una hora después de nuestra llegada
estábamos sentados en la plaza bebiendo gaseosas,
anhelando a las chicas que pasaban:
una madre, una hermana, una hija.
Podías oler una lila sin edad en su pelo.
Lenin advirtió, elevando nuestro nivel de bajo a alto,
"El amor debe ser como beber un vaso de agua…
Puedes notar qué tan buena bolchevique es
por qué tan limpia mantiene su ropa interior."

2.

It was then I split with the Communist Party.
Gorky welcomed the arrival of an old flame
from Cracow. Lenin bought white linen trousers
but would not risk the Russian Revolution
for what he called "a little Italian marmalade."
It was I who became the ridiculous figure,
hung up in the piazza like a pot of geraniums,
not able to do without the touch, taste and smell
of women from those islands in the harbor of Naples.

2.

Fue entonces que me separé del Partido Comunista.
Gorky dio la bienvenida a la llegada de un antiguo amor
de Cracovia. Lenin compró unos pantalones de lino blanco
pero no arriesgaría la Revolución Rusa
por lo que llamó "una pequeña sirena italiana."
Fui yo quien se convirtió en la figura ridícula,
enganchado a la plaza como los geranios a una maceta,
sin poder hacer nada sin el tacto, gusto y olfato
de aquellas mujeres de las islas en el puerto de Nápoles.

Anonymous Poet

to Jean Garrigue

Sometimes I would see her with her lovers
walking through the Village, the wind
strapped about her ankles.
Simply being, she fought
against the enemies of love and poetry
like Achilles in wrath.
Her tongue was not a lake,
but it lifted her lovers
with the gentle strength of a lake
that lifts a cove of waterlilies—
her blue eyes, the sky above them—
till night fell and the mysteries began.
My friend I love, poet I love,
if you are not reading or writing tonight
on your Underwood typewriter,
if no one is kissing you, death is real.

Poeta anónimo

para Jean Garrigue

A veces la veía con sus amantes
caminando por el pueblo, el viento
atado alrededor de sus tobillos.
Simplemente siendo, luchó
contra los enemigos del amor y de la poesía
como Aquiles con ira.
Su lengua no era un lago,
pero levantaba a sus amantes
con la suave fuerza de un lago
que levanta una cala de nenúfares—
sus ojos azules, el cielo sobre ellos—
hasta que la noche cayó y comenzaron los misterios.
Amigo yo amo, poeta yo amo,
si no estás leyendo o escribiendo esta noche
en tu Underwood,
si nadie te está besando, la muerte es real.

The Decadent Poets of Kyoto

Their poetry is remembered for a detailed calligraphy
hard to decipher, less factual than fireflies in the night:
the picture-letters, the characters, the stuff
their words were made from were part of the meaning.
A word like "summer" included a branch of plum blossoms,
writing about "summer in a city street"
carried the weight of the blossoming branch,
while "a walk on a summer afternoon"
carried the same beautiful purple shade.

They dealt with such matters distractedly,
as though "as though" were enough, as though
the little Japanese woman with the broom
returning to her husband's grave to keep it tidy
was less loving than the handsome woman in the café
off the lobby of the Imperial Hotel
who kissed the inside of her lover's wrist.
In their flower arrangements, especially distinct
were the lord flower and emissary roses—
public representations now shadows.

Their generals and admirals took musicians
with them to war, certain their codes
would not be deciphered, in an age when hats
and rings were signs of authority and style.
They thought their secrets were impenetrable,
they thought they had the power to speak and write
and not be understood, they could hide the facts
behind a gold-leaf screen of weather reports.

Los poetas decadentes de Kyoto

Su poesía es recordada por una caligrafía detallada
difícil de descifrar, con menos datos que las
luciérnagas de la noche:
las palabras dibujos, los caracteres, las cosas
de las que estaban hechas sus palabras eran parte del significado.
Una palabra como "verano" incluía una rama de flores de ciruelo,
escribir sobre "el verano en una calle de la ciudad"
llevaba el peso de la rama floreciente,
mientras que "un paseo en una tarde de verano"
llevaba el mismo hermoso tono púrpura.

Ellos trataban estas cuestiones distraídamente,
como si "como si" fuera suficiente, como si
aquella pequeña mujer japonesa con su escoba
que volvía a la tumba de su esposo para mantenerla ordenada
fuera menos amorosa que la mujer hermosa en el café
del vestíbulo del Hotel Imperial
que besaba la parte interior de las muñecas de su amante.
En sus centros de mesa, inequívocamente
estaba el señor de las flores y sus emisarios las rosas—
las representaciones públicas ahora son sombras.

Sus generales y almirantes llevaron músicos
con ellos a la guerra, seguros de que sus códigos
no serían descifrados, en una época donde sombreros
y anillos eran signos de autoridad y estilo.
Creyeron que sus secretos eran impenetrables,
creyeron que tenían el poder de hablar y escribir
y no ser comprendidos, podían esconder los hechos
detrás de una pantalla de hoja de oro de informes del clima.

It was Buddha who had an ear for facts:
coins dropping into the ancient cedar box,
hands clapping, the sound of temple bells and drums.
Codes were broken, ships sank, men screamed
under the giant waves, and a small hat
remained afloat longer than a battleship.

Fue Buda quien tenía buen oído para los hechos:
monedas cayendo en la caja de cedro antiguo,
manos aplaudiendo, el sonido de las campanas
de templos y tambores.
Los códigos se rompieron, los barcos se hundieron,
los hombres gritaban
bajo las olas gigantes, y un pequeño sombrero
se mantuvo a flote por más tiempo que un barco de guerra.

A History of Color

1.

What is heaven but the history of color,
dyes washed out of laundry, cloth and cloud,
mystical rouge, lipstick, eyeshadows? Harlot nature,
explain the color of tongue, lips, nipples,
against Death, come-ons of labia, penis, the anus,
the concupiscent color wheels of insects and birds,
explain why Christian gold and blue tempt the kneeling,
why Muslim green is miraculous in the desert,
why the personification of the rainbow is Iris,
why Aphrodite, the mother of Eros, married
the god of fire, why *Adam* in Hebrew
comes out of the redness of earth . . .
The cosmos and impatiens I planted this June
may outlast me, these yellow, pink and blue annuals
do not sell indulgences, a rose ravishes a rose.
The silver and purple pollen that has blown on the roof
of my car concludes a sacred conversation.

Against Death washerwomen and philosophers
sought a fixative for colors to replace unstable substances
like saliva, urine and blood, the long process of boiling,
washing and rinsing. It is Death who works
with clean hands and a pure heart. Against him
Phoenician red-purple dyes taken from sea snails, the colors
fixed by exposing wool to air of the morning seas near Sidon,
or the sunlight and winds on the limestone cliffs of Crete—

Una historia del color

1.

¿Qué es el cielo sino la historia del color,
tintas deslavadas de la ropa sucia, tela y nube,
rojo místico, lápiz labial, sombras de ojos?
Naturaleza prostituta,
explica el color de la lengua, los labios, los pezones,
contra la muerte, los labios vaginales, el pene, el ano,
las ruedas concupiscentes de color de los insectos y los pájaros,
explican por qué el dorado y el azul cristiano tienta
a los arrodillados,
por qué el verde musulmán es milagroso en el desierto,
por qué la personificación del arcoíris es Iris,
por qué Afrodita, la madre de Eros, se casó
con el dios del fuego, por qué *Adán* en hebreo
sale de la rojez de la tierra…
El cosmos y *las balsaminas* que planté este junio
pueden durar más que yo, estas anuales amarillas,
rosas y azules
no venden indulgencias, una rosa cautiva a una rosa.
El polen plateado y morado que ha soplado del techo
de mi coche concluye una conversación sagrada.

Contra la muerte las lavanderas y los filósofos
buscaron un fijador para los colores que reemplazara
sustancias inestables
como la saliva, la orina y la sangre, el largo proceso de hervir,
lavar y enjuagar. Es la muerte quien trabaja
con las manos limpias y un corazón puro. En su contra
tintas fenicias rojas y moradas tomadas de caracoles de mar,
los colores fijados mediante la exposición de la lana al aire de
los mares de la mañana cerca de Sidón, o a la luz del sol y a los
vientos en los acantilados de piedra caliza de Creta—

all lost, which explains a limestone coastline
changed into mountains of pink-veined marble,
the discarded bodies of gods.
Of course Phoenician purple made for gods
and heroes cannot be produced nowadays.
Virgil thought purple was the color of the soul—
all lost. Anyone can see the arithmetic when purple
was pegged to the quantity and price of seashells.

Remember
the common gray and white seagull looked down
at the Roman Republic, at the brick red and terra-cotta
dominant after the pale yellow stone of the Greek world,
into the glare of the Empire's white marble.
The sapphire and onyx housefly that circled
the jeweled crowns of Byzantium buzzed prayers,
thinks what it thinks, survives. Under a Greek sky
the churches held Christ alive to supplicants,
a dove alighted on a hand torn by nails.
In holy light and darkness
the presence of Christ is cupped in gold.
Death holds, whether you believe Christ
is there before you or not, you will not see Him later—
sooner prick the night sky with a needle to find the moon.

2.

I fight Death with peppermints, a sweet to recall
the Dark Ages before the word *Orange* existed.
In illuminated manuscripts St. Jerome,
his robes *egg- red,* is seen translating in the desert,
a golden lion at his feet—

oído perdido, lo cual explica una costa de piedra caliza
transformada en montañas de mármol con vetas rosas,
los cuerpos desechados de los dioses.
Claro que el púrpura fenicio hecho para deidades
y héroes no puede ser producido hoy en día. Virgilio
pensó que el púrpura era el color del alma—todo
perdido. Cualquiera puede ver la aritmética cuando
el púrpura fue ensartado
a la cantidad y al precio de las conchas de mar.

Recuerda
la gaviota común gris y blanca miró para abajo
hacia la República romana, al ladrillo y al terracota
predominantes después de la pálida piedra amarilla
del mundo griego,
hacia el resplandor del mármol blanco del imperio.
La mosca de zafiro y ónix que circulaba
las coronas enjoyadas bizantinas zumbaba oraciones,
piensa lo que piensa, sobrevive. Bajo un cielo griego
las iglesias mantenían vivo a Cristo para los suplicantes,
una paloma se posaba en una mano desgarrada por clavos.
En santa luz y oscuridad
la presencia de Cristo está en una copa de oro.
La muerte sostiene, si es que crees que Cristo
está ahí frente a ti o no, que no lo verás más tarde—
antes, para encontrar la luna,
pincha el cielo nocturno con una aguja.

      2.

Lucho contra la muerte con mentas, un dulce para recordar
la Edad Media antes de que la palabra *naranja* existiera.
En los manuscritos iluminados San Jerónimo,
en su túnica color rojo huevo, se ve traduciendo en el desierto,
un león de oro a sus pies—

or he is tied to a column naked in a dream,
flagellated for reading satires and Pliny's
Natural History that describes
the colors used by Apelles, the Greek master,
a painting of grapes so true to life
birds would alight on them to feed.
Death, you tourist, you've seen it all and better before,
your taste: whipped saints sucking chastity's thumb,
while you eat your candy of diseased and undernourished infants.

On an afternoon when death seemed no more than a newspaper
in a language I could not read, I remember
looking down at Jerusalem from the Mount of Olives,
that my friend said: "Jerusalem is a harlot,
everyone who passes leaves a gift."
Do birds of prey sing madrigals?
Outside the walls of Jerusalem, the crusaders
dumped mounts of dead Muslims
and their green banners, the severed heads of Jews,
some still wrapped in prayer shawls,
while the Christian dead sprawled near the place of a skull
which is called in Hebrew *Golgotha*.
Among the living, blood and blood-soaked prayers,
on the land of God's broken promises—a flagged javelin
stuck into the Holy Sepulcher as into a wild boar.

Hauled back by the *Franks*, colors never seen in Europe,
wonders of Islam, taffetas, organdies, brocades, damasks.
Gold-threaded cloth that seemed made for the Queen of Heaven
was copied in Italy on certain paintings of Our Lady,
on her blue robes in gold in Arabic:

o atado a una columna desnudo en un sueño,
flagelado por leer sátiras y la
Historia Natural de Plineo que describe
los colores usados por Apeles, el maestro griego,
una pintura de uvas tan apegada a la realidad
que los pájaros se posan en ellas para alimentarse.
Muerte, turista, lo has visto todo y mejor antes,
tu gusto: santos batidos chupando el dedo de castidad,
mientras comes tus dulces de enfermedad y niños desnutridos.

Una tarde cuando la muerte no parecía más que un periódico
en un idioma que no podía leer, recordé
que mirando hacia abajo a Jerusalén
desde el Monte de los Olivos,
mi amigo dijo: "Jerusalén es una ramera,
todo el que pasa deja un regalo."
¿Las aves de rapiña cantan madrigales?
Fuera de los muros de Jerusalén, los cruzados
tiraron montes de musulmanes muertos
y sus estandartes verdes, las cabezas cortadas de Judíos,
algunas todavía envueltas en mantos de oración,
mientras que los muertos cristianos estaban tendidos
cerca del lugar de un cráneo
que en hebreo se conoce como el *Golgota*.
Entre los vivos, sangre y oraciones empapadas en sangre,
en la tierra de las promesas rotas de Dios—una jabalina
marcada atascada en el Santo Sepulcro
como si estuviera dentro de un jabalí.

Arrastrados de nuevo de los *francos,*
colores nunca antes vistos en Europa,
maravillas del Islam, tafetas, organzas, brocados, damascos.
Tela cosida con hilo de oro que parecía hecha para la Reina
del Cielo fue copiada en Italia en ciertas pinturas de Nuestra
Señora, en su túnica azul en oro en árabe:

"There is no God but God, Muhammad is His Prophet"—
for whom but Death to read?

Wrapped in a looted prayer rug,
an idea seized by Aquinas: the separation of faith and reason.
Later nicked from the library of Baghdad:
the invention of paper brought from China
by pilgrims on a hajj, looted rhyme, lenses,
notes on removing cataracts.
Certain veils would be lifted from the eyes of Europe,
all only for Death to see.
Within sight of Giotto's white, green and pink marble bell tower
that sounded the promise of Paradise
plants and insects were used for dyes made from oak gall,
bastard saffron, beetle, canary weed, cockroach,
the fixative was fermented piss from a young boy
or a man drunk on red wine, while the painters
mixed their pigments with egg yolks and albumen,
gold with lime, garlic, wax and casein
that dried hard as adamantine, buffed with a polished agate
or a wolf's tooth.

At the time of the Plague, while the dead
lay unattended in the streets of Europe,
the yellow flag hung out more often than washing,
someone cloistered wrote a text
on making red from cinnabar, saffron from crocus,
each page an illumined example.
At the Last Supper the disciples sat dead at table.
Still, by the late fifteenth century
color was seen as ornament,
almost parallel to the colors of rhetoric,

"No hay más Dios que Dios, Mahoma es su profeta"—
¿Para quién leer si no es que para la muerte?

Envuelto en una alfombra de oración,
una idea presa de Aquino: la separación de la fe y la razón.
Más tarde mellado de la biblioteca de Bagdad:
la invención del papel traída de China
por peregrinos en un Haj, rimas saqueadas, lentes,
notas sobre cómo eliminar las cataratas.
Ciertos velos serían levantados de los ojos de Europa,
todo sólo para que la muerte viera.
A la vista del campanario de mármol blanco,
el verde y el rosa de Giotto
que sonaban a la promesa del Paraíso
plantas e insectos fueron usados como tintas hechas de quejigo,
azafrán bastardo, escarabajo, hierba de canario, cucaracha,
el fijador era orina fermentada de un pequeño niño
o de un hombre borracho con vino tinto, mientras los pintores
mezclaban sus pigmentos con yemas de huevo y albúmina,
oro con cal, ajo, cera y caseína
que se secaba tan duro como el adamantino,
pulimentado con una ágata pulida
o el diente de un lobo.

En el momento de la plaga, mientras los muertos
yacían en las calles de Europa,
la bandera amarilla colgaba con más frecuencia que el lavado,
algún ermitaño escribió un texto
sobre como hacer rojo del bermellón, azafrán del croco,
cada página un ejemplo iluminado.
En la última cena los discípulos se sentaron a la mesa muertos.
Aún así, para finales del siglo XV
el color era visto como un ornamento,
casi paralelo a los colores de la retórica,

blue was moving away from its place describing
the vaults of heaven to the changing sky of everyday.

Does it matter to heaven if a sleeve is blue or red or black?
In Venice Titian found adding lead-white to azurite-blue
changed a blue sleeve to satin.

3.

I think the absence of color is like a life without love.
A master can draw every passion with a pencil, but light,
shadow and dark cannot reveal the lavender iris
between the opened thighs of a girl still almost a child,
or, before life was through with her, the red and purple
pomegranate at the center of her being.
Against Death on an English day Newton discovered
a single ray of white light refracted,
decomposed into a spectrum of colors,
and that he could reconstruct the totality,
mischievously reverse the process
then produce white light again—which perhaps is why
last century, in a painting by Max Ernst,
the Holy Mother is spanking the baby Jesus.

Goethe found a like proof on a sunny summer day—
the birds, I suppose, as usual devouring insects
courting to the last moment of life.
While sitting by a crystal pool watching
soldiers fishing for trout, the poet was taken
by spectrums of color refracted from a ceramic shard
at the bottom of the pool, then from the tails of swimming trout
catching fire and disappearing,
until a rush of thirsty horses, tired and dirtied by war,
muddied the waters.

el azul se alejaba de su lugar describiendo
las bóvedas celestes al cielo versátil de todos los días.

¿Le importa al cielo si una manga es azul o roja o negra?
En Venecia, Tiziano encontró que al agregar blanco titanio
al azul azurita, transformaba a la manga azul en satín.

3.

Creo que la ausencia de color es como una vida sin amor.
Un maestro puede dibujar cada pasión con un lápiz, pero la luz,
la sombra y la oscuridad no pueden revelar el iris lavanda
entre los muslos abiertos de una chica todavía casi una niña,
o antes de que la vida hubiera acabado con ella,
la granada roja y morada en el centro de su ser.
Contra la muerte en un día inglés Newton descubrió
un solo rayo de luz blanca refractada,
descompuesta en un espectro de colores,
y que podía reconstruir la totalidad,
maliciosamente revertir el proceso
luego producir luz blanca de nuevo—quizás es por ello
que el siglo pasado, en una pintura de Max Ernst,
la Santa Madre está azotando al niño Jesús.

Goethe encontró una prueba similar en un soleado día de
verano—los pájaros, supongo, como siempre devorando
insectos cortejando hasta el último momento de la vida.
Mientras estaba sentado junto a una piscina de cristal mirando
a los soldados pescando truchas, el poeta fue tomado
por espectros de colores refractados de un fragmento de cerámica
al fondo de la piscina, luego de las colas de las truchas
capturando fuego y desapareciendo,
hasta que una ráfaga de caballos sedientos, cansados
y sucios de guerra, enturbiaron las aguas.

A heroic tenor sings to the exploding sun:
"Every war is a new dawning"—Fascist music.
Death would etch Saturn devouring his children on coins,
if someone would take his money.
Of course his IOU is good as gold.

Turner had sailors lash him to the mast
to see into a storm, then he painted slavers
throwing overboard the dead and dying,
sharks swimming through shades of red.
Later he painted the atheist *Avalanche*, then heaven
in truthful colors: *Rain, Steam, Speed.*
"Portraits of nothing and very like," they said, "tinted steam."
Turner kept most of his paintings to leave to England,
his *Burning of the Houses of Parliament.*

Against oblivion a still life of two red apples
stands for a beautiful woman. On her shoulder
the bruise of a painter's brush—she is no more
than a still life of peasant shoes.
"You will not keep apples or shoes or France," Death says.
A child chooses an object first for color,
then for form, in rooms with mother, father,
Death, and all the relatives of being.

4.

Now this coloratura moves offstage
to the present, which is a kind of intermission.
My friend Mark Rothko painted a last canvas,
gray and yellow, then took a kitchen knife, half cut off his wrists
bound and knotted behind his back
(a trick of the mind Seneca never mastered)

Un tenor osado le canta al sol explotando:
"Cada guerra es un nuevo amanecer"—Música fascista.
La muerte en monedas grabaría a Saturno devorando
a sus hijos, si alguien aceptara su dinero.
Por supuesto que su pagaré es tan bueno como el oro.

Turner tenía marineros que lo ataban al mástil
para ver una tormenta, luego pintaba a los esclavistas
tirando por la borda a los muertos y moribundos,
tiburones nadando en tonos de rojo.
Más tarde pintó la *Avalanche* atea, luego el cielo con
colores veraces: *Lluvia, vapor y velocidad.*
"Retratos de nada y muy como," decían ellos "vapor teñido."
Turner se quedó la mayoría de sus pinturas para irse a Inglaterra,
su *Quema de las Casas del Parlamento.*

Contra el olvido una naturaleza muerta de dos manzanas
interpreta a una hermosa mujer. Sobre su hombro
el moretón del pincel de un pintor—no es más
que una naturaleza muerta de zapatos de campesinos.
Dice la muerte: "No tendrás manzanas ni zapatos ni a Francia".
Un niño escoge un objeto primero por el color,
luego por la forma, en habitaciones con su madre, padre,
la muerte y todos los parientes del ser.

4.

Ahora esta coloratura se mueve fuera del escenario
al presente, lo cual es una especie de intermedio.
Mi amigo Mark Rothko pintó un último lienzo,
gris y amarillo, luego tomó un cuchillo de cocina,
se cortó a la mitad las muñecas
atadas y anudadas en su espalda
(un truco de la mente que Séneca nunca dominó)

to throw off Eros, who rode his back and whipped him
even after he was dead, till Eros, the little Greek,
was covered with blood of the Song of Songs.
Now Rothko is a study of color, a purple chapel,
a still river where he looks for his mother and father.

Death, you tourist with too much luggage,
you can distinguish the living from your dead.
Can you tell Poseidon's trident from a cake fork,
the living from the living,
winter from summer, autumn from spring?
In a sunless world, even bats nurse their young,
hang upside down looking for heaven,
make love in a world where the lion, afraid of no beast,
runs in terror from a white chicken. Such are your winnings.
Death, I think you take your greatest pleasure
in watching us murdering in great numbers
in ways even you have not planned.
They say in paradise every third thought is of earth
and a woman with a child at her breast.

para distraer a Eros, que montó su espalda y lo azotó
incluso después de haber muerto, hasta que Eros,
el pequeño griego,
estaba cubierto de sangre del Cantar de los Cantares.
Ahora Rothko es un estudio del color, una capilla
púrpura, un río quieto en donde busca a su madre
y a su padre.

Muerte, turista con demasiado equipaje,
puedes distinguir a los vivos de los muertos.
¿Puedes distinguir entre el tridente de Poseidón y un tenedor,
los vivos de los vivos,
el invierno del verano, el otoño de la primavera?
En un mundo sin sol, hasta los murciélagos amamantan a sus crías,
cuelgan de cabeza buscando el cielo,
hacen el amor en un mundo donde el león, que no teme a ninguna bestia,
corre con terror de un pollo blanco. Tales son tus ganancias.
Muerte, creo que tomas tu mayor placer
viéndonos asesinar en grandes cantidades
en maneras que ni tú hubieras planeado.
Dicen que en el paraíso cada tercer pensamiento es de la tierra
y de una mujer con un niño en su pecho.

Then

In our graves we become
children again
then we are grandchildren
then great-grandchildren
and so on, name after name
till we are nameless
free as the birds to sing
songs without words
mating calls, warnings
simple trills, for no reason,
that call the day is glorious.

Luego

En nuestras tumbas nos convertimos
en niños de nuevo
luego somos nietos
luego bisnietos
y así sucesivamente, nombre tras nombre
hasta que no tengamos nombre
libres como los pájaros para cantar
canciones sin palabras
llamadas de apareamiento, avisos
trinos simples, que sin razón
dicen del día: es glorioso.

A Visit to the Devil's Museum in Kaunas

I put on my Mosaic horns, a pointed beard,
my goat-hoof feet—my nose, eyes, hair and ears
are just right—and walk the streets of the old ghetto.
In May under the giant lilac and blooming chestnut trees
I am the only dirty word in the Lithuanian language.
I taxi to the death camp and to the forest
where only the birds are gay, freight trains still screech,
scream and stop. I have origins here, not roots,
origins among the ashes of shoemakers
and scholars, below the roots of these Christmas trees,
and below the pits filled with charred splinters of bone
covered with fathoms of concrete. But I am the devil,
I know in the city someone wears the good gold watch
given to him by a mother to save her infant
thrown in a sewer. Someone still tells time by that watch,
I think it is the town clock.

Perhaps Lithuanian that has three words for soul
needs more words for murder—murder as bread:
"Please pass the murder and butter" gets you to:
"The wine you are drinking is my blood,
the murder you are eating is my body."
Who planted the lilac and chestnut trees?
Whose woods are these? I think I know.
I do my little devil dance,
my goat hooves click on the stone streets.
Das Lied von der Erde
ist Murder, Murder, Murder.

Una visita al museo del diablo en Kaunas

Me puse mis cuernos de mosaico, una barba puntiaguda,
mis pies de pezuñas de cabra—mi nariz, ojos, pelo y orejas
son correctos —y camino por las calles del viejo gueto.
En mayo bajo la lila gigante y los castaños en flor soy
la única palabra sucia en el idioma lituano.
Tomo un taxi al campo de la muerte y al bosque
donde sólo los pájaros son homosexuales, los trenes de
carga aún rechinan,
gritan y se paran. Tengo aquí orígenes, no raíces,
orígenes entre las cenizas de los zapateros
y los eruditos, debajo de las raíces de estos árboles de navidad,
y debajo de las fosas llenas de astillas de huesos carbonizados
cubiertas de brazas de hormigón. Pero yo soy el diablo,
sé que en la ciudad alguien lleva el buen reloj de oro
entregado por una madre para salvar a su bebé
que había sido tirado en una coladera.
Alguien aún da la hora con ese reloj,
creo que es el reloj de la ciudad.

Tal vez el lituano que tiene tres palabras para el alma
necesita más palabras para asesinato— asesinato como pan:
"Por favor pásame el asesinato y la mantequilla" te lleva a:
"El vino que te estás tomando es mi sangre,
el asesinato que te estás comiendo es mi cuerpo."
¿Quién plantó los árboles de lilas y de castaños?
¿De quién son éstos bosques? Creo que lo se.
Hago mi pequeña danza diabólica,
mis pezuñas de cabra hacen clic en las calles de piedra.
Das Lied von der Erde
es Asesinato, Asesinato, Asesinato.

Ubuntu

I salute a word, I stand up and give it my chair,
because this one Zulu word, *ubuntu*,
holds what English takes seven to say:
"the essential dignity of every human being."
I give my hand to *ubuntu*—
the simple, everyday South African word
for the English mouthful.
I do not know the black Jerusalems of Africa,
or how to dance its sacred dances.
I cannot play Christ's two commandments on the drums:
"Love God" and "Love thy neighbor as thyself."
I do not believe the spirits of the dead
are closer to God than the living,
nor do I take to my heart
the Christ-like word *ubuntu*
that teaches reconciliation
of murderers, torturers, accomplices,
with victims still living.
Jefferson was wrong:
it is not blood but *ubuntu*
that is the manure of freedom.

Ubuntu

Saludo a una palabra, me levanto y le doy mi silla,
porque ésta palabra zulú, *ubuntu,*
contiene lo que en inglés toma siete para decir:
"la dignidad esencial de todo ser humano."
Le doy mi mano a *ubuntu*—
la simple palabra sudafricana de todos los días
para el inglés que se llena la boca.
No conozco los Jerusalenes negros de África,
o como bailar sus danzas sagradas.
No puedo tocar los dos mandamientos de Cristo en la batería:
"Ama a Dios" y "Ama a tu prójimo como a ti mismo."
No creo que los espíritus de los muertos
estén más cerca de Dios que los vivos,
ni llevo a mi corazón
la palabra *ubuntu* parecida a Cristo
que enseña la reconciliación
de asesinos, torturadores, cómplices,
con víctimas que aún viven.
Jefferson estaba equivocado:
no es sangre si no *ubuntu*
el estiércol de la libertad.

Hotel Room Birthday Party, Florence

Mirror, mirror on the wall,
who's that old guy in my room?
In the red nightshirt on my bed
I'm a kabuki extra. If I please
I can marry all
to nothing, snow to maple trees,
leap for joy over my head,
play bride and bridegroom,
an old and young shadow on the wall.
I can play a decapitated head
laughing in its basket of flies.
There are no clocks in paradise,
a dog's tail keeps time instead.
(Today be foolish for my sake.)
Which comes last, sunset or sunrise?
Nightfall or daybreak?
The day is Puccini's,
the street is for madrigals,
the celebration in the cathedral:
a skull beside a loaf of bread,
but for my grandmother's sake
it's a portion of *torta della nonna* I take.
It is a double portion of everything I want.

A mirror is a stage: I'm all the comedies
of my father's house and one of the tragedies.
I draw my boyhood face
in blood and charcoal
I hold my masks in place—

Fiesta de cumpleaños en la habitación del hotel, Florencia

Espejito, espejito en la pared,
¿quién es el tipo viejo en mi habitación?
Con el camisón rojo en mi cama
soy un kabuki adicional. Si quisiera
puedo casar a todo
con la nada, nieve con árboles de arce,
saltar de la alegría sobre mi cabeza,
jugar a la novia y al novio,
una vieja y joven sombra en la pared.
Puedo interpretar a una cabeza decapitada
riéndose en su cesta de moscas.
No hay relojes en el paraíso,
en lugar de eso la cola de un perro lleva el tiempo.
(Hoy sé insensato por mí.)
¿Qué viene al final, el atardecer o el amanecer?
¿El anochecer o el alba?
El día es de Puccini,
la calle para madrigales,
la celebración para la catedral:
un cráneo junto a una hogaza de pan,
pero por el bien de mi abuela
es una porción de *torta della nonna* que me llevo.
Es una doble porción de todo lo que quiero.

Un espejo es un escenario: soy todas las comedias
de la casa de mi padre y una de las tragedias.
Dibujo mi cara de la infancia
con sangre y carbón
sostengo mi máscara en su lugar—

all the worse for wear
with a little spit behind the ear,
and because this is my birthday
like a donkey in its stall
let fall what may.
To be alive is not everything
but it is a very good beginning.

tanto peor por el uso
con un poco de saliva detrás de la oreja,
y porque este es mi cumpleaños
como un burro en su establo
deja caer lo que sea.
Estar vivo no lo es todo
pero es un muy buen comienzo.

Coming Attractions

Novedades

Winter Flowers

In fresh snow that fell on old snow
I see wild roses in bloom, springtime,
an orchard of apple and peach trees in bloom,
lovers of different preferences
walking naked in new snow, not shivering,
no illusion, no delusion, no bluebells.
Why should I live by reality that murders?
I wear a coat of hope and desire.
I follow fallen maple leaves abducted by the wind.
I declare I am a Not Quite, almost a nonentity.
I fought for that "almost."
I lift up and button my collar of hope.
I simply refuse to leave the universe.
I'm all the aunts in my father's house and all my uncles too.
I had fifty great-great-grand-grandmothers
who got to Paradise, like Enoch, without dying.
Once my friends and I went out in deep paradise snow
with Saint Bernards and Great Pyrenees
to find those lost in the blizzard God made for Himself
because He prefers not seeing what happens on earth.
With touch He can hear, taste, smell, see,
and He has fourteen other senses there are no words for.
Memory, He said, is a sense, not a power.
Who am I to disagree with Him?

There are some vegetarians among you,
so I will tell you what He eats.
It's green, and cows and sheep eat it too.
He picks His teeth. I think I heard Him say, "Gentlemen
don't void in swimming pools or the ocean. I like your
dirty jokes, I prefer them in meter."

Flores de invierno

En la nieve fresca que cayó sobre la nieve vieja
veo rosas silvestres floreciendo, la primavera,
un huerto de manzanos y árboles de duraznos floreciendo,
amantes de distintas preferencias
caminando desnudos en la nueva nieve, sin temblar,
sin ilusión, sin delirio, sin campanillas.
¿Por qué debería vivir de acuerdo a la realidad que asesina?
Llevo un abrigo de esperanza y deseo.
Sigo a las hojas caídas del arce secuestradas por el viento.
Declaro que soy un No Exactamente, casi un don nadie.
Luché por ese "casi."
Me levanto y abotono mi cuello de esperanza.
Simplemente me rehúso a abandonar el universo.
Soy todas las tías en la casa de mi padre y todos mis tíos también.
Tuve cincuenta choznas
que llegaron al Paraíso, como Enoc, sin morir.
Una vez mis amigos y yo salimos a la nieve profunda del paraíso
con perros San Bernardo y de los Pirineos
para buscar a aquellos perdidos en la tormenta de nieve
que Dios hizo para Sí mismo
porque Él prefiere no ver lo que pasa en la tierra.
Con el tacto, Él puede escuchar, saborear, oler, ver
y Él tiene catorce otros sentidos que no pueden
ser descritos en palabras.
La memoria, dijo Él, es un sentido, no un poder.
¿Quién soy yo para estar en desacuerdo con Él?

Hay algunos vegetarianos entre ustedes,
así que voy a decirles lo que Él come.
Es verde, y las vacas y las ovejas lo comen también.
Se limpia Sus dientes. Creo que Lo escuché decir,
"Caballeros no evacúen en el océano o en las albercas.
Mu gustan sus bromas sucias, las prefiero en métrica."

He told me to carry on.
I thought "On" was a Norse god. He said, "No,
it's just a burden that gets heavier, the burden
makes you stronger."
"Isn't *on* the Japanese debt to ancestors?" I countered.
He resents hearing the prayers and praise of sycophants.

"How come you are speaking to me?" I asked.
He speaks Silence, languages I call "Night" and "Day."
His politics? "Nations" to Him are "a form of masturbation."
Original blasphemy amuses Him, describes
His coitus with living creatures,
mothers, His self,
a whale, a male praying mantis dying to mate.
He likes to hear, "do unto others
what you would not want others to do unto you."
Instead of a prayer rug,
I stitch Him a pillow of false proverbs:
"in the house of the hangman talk of rope." I asked
Him if I ever did anything he liked. "You planted
eggplant too close to the cucumbers and they
married. I blessed that wedding, sent roses by
another name."
"How come you speak to me?" I asked.
He said He was not speaking to me,
"Consult Coleridge on the Imagination."
He waved, He did not say goodbye.

Me dijo que continuara
Pensé que "On" era un dios nórdico. Él dijo, "No, es
sólo una carga que se vuelve más pesada, la carga te
hace más fuerte."
Repliqué.
"¿No es *on* la palabra japonesa de deuda con los antepasados?"
Le molesta oír las oraciones y alabanzas de los aduladores.

"¿Cómo es que me estás hablando a mí?" Pregunté. Habla
Silencio, lenguajes que yo llamo "Noche" y "Día."
¿Su política? "Naciones" para Él son "una forma de masturbación."
La blasfemia original le divierte, describe Su coito con creaturas
vivas,
madres, Sí mismo,
una ballena, una mantis religiosa macho muriendo por aparearse.
Le gusta oír, "haz a los demás
lo que no quisieras que los demás te hicieran a ti."
En vez de un tapete de oración,
Le coso una almohada de falsos proverbios:
"en la casa del ahorcado hablan de la cuerda."
Le pregunté si alguna vez hice algo que le gustara.
"Plantaste berenjenas demasiado cerca de los pepinos
y se casaron. Bendije esa boda,
mandé rosas con otro nombre."
"¿Cómo es que me hablas a mí?" pregunté. Él
dijo que no me estaba hablando a mí,
"consulta a Coleridge sobre la Imaginación."
Hizo un gesto, no dijo adios.

Reading Half-Awake

Early morning, what poems I read don't make sense,
are blurred unless I read aloud, it's as if there were a
wall or fence
taken down by speaking out, a cliff
I had to climb to see. I am awake, my mind's eye,
my mind's nose and mouth, stuffed closed,
my eyelids lead, silent poetry a lie, rainbow
and Venus bent, posed awkwardly, tortured
figures, poetry a flute fingered but not blown,
the other woodwinds playing octets, the choirs
gone mute.
The mind attends a thought as a mother attends
her child, and so I write to make sense
when reading silently is not recompense
for bad dreams or a night's silent sleep
into which I fall, but never leap to sleep.

Leyendo semidespierto

Temprano, los poemas que leo no tienen sentido,
por la mañana son borrosos a menos que lea en voz alta,
es como si fueran una pared o una valla
derribada al hablar en voz alta, un acantilado
que tuve que subir para poder ver. Estoy despierto, el ojo de mi mente, la
nariz y la boca de mi mente, rellenos y cerrados,
mis párpados guían, la poesía silenciosa es una mentira,
Venus y el arcoíris inclinados, en una pose incómoda,
figuras torturadas, la poesía una flauta
tocada por dedos pero no soplada y otros instrumentos de viento
tocando octetos, el coro enmudecido.
La mente atiende un pensamiento como una madre atiende
a su hijo y así escribo para darle sentido
a cuando leer en silencio no compensa
una noche de pesadillas o una noche de silencioso sueño
dentro de la que caía, sin poder saltar.

God's Brother

I am prepared to believe Yahweh has a younger brother.
God's brother wears his hand-me-down clothes.
It's pretty tough on the kid. Everywhere he goes,
he basks in the light of family resemblance. Many
use him to get a little closer. Mortal, he eats,
sleeps, falls in love,
he looks in the mirror, sees something of God in his own face.
He knows God never gets tired, never sleeps.
No one ever prays to the brother, the runt of the litter.
God will kill him, see he is buried with a cloud or two,
put stones on his grave, nothing obscure, nothing
ordinary like a sparrow.

El hermano de Dios

Estoy preparado para creer que Yahvé tiene un hermano menor.
El hermano de Dios usa las prendas que hereda de su hermano mayor.
Es bastante difícil para el niño. A donde quiera que va,
toma el sol en la luz del parecido familiar. Muchos
lo utilizan para estar un poco más cerca. Mortal,
come, duerme, se enamora,
se ve al espejo, ve algo de Dios es su propio rostro.
Sabe que Dios nunca se cansa, nunca duerme.
Nadie nunca le reza al hermano, el pequeño de la camada.
Dios lo va a matar, verás estará enterrado en una o dos nubes,
pongan piedras sobre su tumba, nada oscuro, nada ordinario
como un gorrión.

The Thing Written

The thing written is a sexual thing, may
bite, tell a truth some have died for, even
the most casual initialing
is a touch of love and what love goes for.
A sometime thing, it smiles or has an ugly grin,
on the page or wall may be holy and a sin.
Writing wants, must have, must know, is flesh,
blood, and bone,
proof we are not made to be alone.
Beneath a dove and rainbow
some bank their fire,
wrap their erogenous zones in barbed wire.

Writing may dance in ink flamenco,
kneel before the cross, right
wrongs, fall in love at first sight,
honor the naked languages it holds tight,
kidnap, suck or be sucked for hire,
may look and look or sneak a look,
it has eyes, can read, is remarkable.
From the tower of sexual babble,
when dreams were the beginning of writing,
the angel of dreams descended, stair by stair,
the stone watchtower became the first stone book.

Writing never speaks word, may ache to talk,
and yet each letter of any alphabet is a
fragment of desire,
like half and quarter notes on a staff, or a hawk,
may swoop down, fly higher and higher
to catch a word, and then another word. The
sexual thing may be all love or malice,

La cosa escrita

Lo cosa que está escrita es una cosa sexual,
puede morder, decir una verdad por la cual algunos han muerto,
hasta las iniciales más casuales
son un toque de amor y de a lo que el amor apuesta.
Una cosa ocasional, que sonríe o hace una mueca fea,
en la página o en la pared puede ser sagrado y un pecado.
La escritura quiere, debe tener, debe saber,
que es carne, sangre y hueso,
prueba de que no estamos hechos para estar solos.
Debajo de una paloma y de un arcoíris algunos
almacenan su fuego,
envuelven sus zonas erógenas con alambre de púas.

La escritura puede bailar en tinta de flamenco,
arrodillarse ante la cruz, corregir
los males, enamorarse a primera vista,
honrar idiomas desnudos que lleva arraigados,
secuestrar, chupar o ser chupado por alquiler,
puede mirar y mirar o echar un vistazo, tiene
ojos, puede leer, es notable. Desde la torre
del balbuceo sexual,
cuando los sueños concurrían al comienzo de la escritura,
el ángel de los sueños descendió y peldaño a peldaño
la atalaya de piedra se convirtió en el primer libro de piedra.

La escritura nunca pronuncia palabra, puede dolerle hablar,
y sin embargo cada letra de cualquier alfabeto
es un fragmento del deseo,
como notas de la mitad y un cuarto en un bastón, o un halcón,
pueden abatirse, volar más y más alto
para atrapar una palabra, y luego otra palabra.
La cosa sexual puede ser todo amor o malicia,

eunuchs writing in the Forbidden Palace
where poets dressed in rags, or silk and lace.

The thing written touches, kisses, cuddles,
may be democratic, autocratic, medieval
in the 21st century, feudal, imperial, animal,
sexually digital, a Serf, a King, a Queen,
la chose écrite est une chose sexuelle.
I had a woman beautiful as the letter *l*. There is
the passion of letters, each may mean another
thing, be defaced, after a while. Writing leans
forward,
there is a certain optimism in the written word, a
sexual sunrise that is not daybreak.
Words, words, a carnival of wordplay
on St. Nobody's Day.
Reader, look, there is an S, a snake
on the cross of the letter *T*.
The letter of love is still the open-legged *V*.
How can I dot the *i* with humanity?

eunucos escribiendo en el Palacio Prohibido
donde los poetas visten con harapos o seda y encaje.

La cosa escrita toca, besa, se acurruca,
puede ser democrática, autócrata, medieval
en el siglo 21, feudal, imperial, animal,
digitalmente sexual, un Siervo, un Rey, una Reina,
la chose écrite est une chose sexuelle.
Tuve una mujer hermosa como la letra *l*.
Está la pasión de las letras, cada una puede significar
otra cosa, ser desfigurada, después de un tiempo.
La escritura se inclina hacia delante,
hay un cierto optimismo en la palabra escrita,
un amanecer sexual que no es el alba.
Palabras, palabras, un carnaval de juego de palabras
en el día de San Nadie.
Lector, mira, hay una *S*, una serpiente
en la cruz de la letra *T*.
La letra del amor sigue siendo la *A* de piernas abiertas.
¿Cómo puedo puntuar la *i* con humanidad?

Letter to the Butterflies

1.

Dear Monarchs, fellow Americans,
friends have seen you and that's proof,
I've heard the news:
since summer you traveled 5,000 miles
from our potato fields to the Yucatan.
Some butterflies can bear what the lizard would never endure.
Few of us can flutter away from the design:
I've seen butterflies weather a storm
in the shell of a snail, and come out of nowhere
twenty stories up in Manhattan.
I've seen them struggling on the ground.
I and others may die anonymously, when
all exceptionalism is over, but not like
snowflakes falling.
This week in Long Island
before the first snowfall, there is nothing left
but flies, bees, aphids, the usual.

2.

In Mexico
I saw the Monarchs of North America gather,
a valley of butterflies surrounded
by living mountains of butterflies—
the last day for many.
I saw a river of butterflies flooding
through the valley, on a bright day black clouds
of butterflies thundering overhead,
yet every one remained a fragile thing.
A winged colossus wearing billowing silk
over a sensual woman's body waded

Carta a las mariposas

1.

Queridas Monarcas, compatriotas,
mis amigos las han visto y eso es evidencia,
de que he escuchado las noticias:
Desde el verano han viajado 5,000 millas
desde nuestros campos de papas hasta Yucatán.
Algunas mariposas pueden aguantar lo que la lagartija no soportaría.
Pocos de nosotros podemos revolotear alejándonos del diseño:
He visto mariposas sobrevivir una tormenta
en la concha de un caracol y salir de la nada
en Manhattan del piso veinte.
Las he visto luchar en el suelo.
Yo y otros podemos morir anónimamente, cuando
todo el excepcionalismo haya terminado, pero no
como copos de nieve cayendo. Esta semana en
Long Island
antes de la primera nevada, no queda nada
más que mariposas, abejas, pulgones, lo de siempre.

2.

En México
vi a las Monarcas de Norteamérica juntarse,
un valle de mariposas rodeadas
por montañas vivientes de mariposas—
el último día de muchos.
Vi un río de mariposas inundando
el valle, en un día brillante nubes negras
de mariposas estruendosas por encima,
sin embargo cada una seguía siendo algo frágil.
Un coloso con alas usando seda ondulante sobre
el cuerpo sensual de una mujer vadeaba a través

across the valley,
wagons and armies rested at her feet.
A village lit fires,
and the valley was a single black butterfly.

3.

Butterflies,
what are you to me
that I should worry about your silks and powders,
your damnation or apotheosis, insecticides and
long-tongued lizards.
Some women I loved are no longer human.
I have a quarrel with myself for leaving my purpose, for
the likes of you, beauties I could name. Sooner or later
I hope you alight on my headstone
above my name and dates, questioning
my bewilderment.
Where is your Chinese God of walls and ditches?
Wrapped in black silk I did not spin,
do I hold a butterfly within?
What is this nothingness they have done to me?

del valle,
vagones y ejércitos descansaban a sus pies.
Un pueblo encendió fuegos,
y el valle era una sola mariposa negra.

3.

Mariposas,
qué son para mí
que debo preocuparme por sus sedas y polvos,
su maldición o paradigma,
insecticidas y lagartijas con lenguas largas.
Algunas mujeres que amé ya no son humanas.
Tengo una disputa conmigo mismo por haber dejado mi propósito,
en favor del tuyo, podría nombrar bellezas. Tarde o temprano
espero que se posen sobre mi piedra gris
por encima de mi nombre y mis fechas, cuestionando
mi desconcierto.
¿En dónde está tu Dios chino de murallas y zanjas?
¿Envuelta en seda negra que no hilé,
sostengo una mariposa dentro?
¿Qué es esta nada que me han hecho a mí?

Spring Morning

God, how do you dew?
The grass I planted is growing
with the help of you.

Mañana de primavera

Dios, ¿cómo te vaciaste?
El pasto que sembré está creciendo
con tu ayuda.

New Born

The first thing I did against my will is see light.
Older, in my mother's belly with a good mind,
I sometimes dreamed different kinds of darkness.
I kicked, had sweet dreams and nightmares
something like death, unborn happiness,
blind hallucinations, all before breathing.

What last thing will cross my mind
after last rights and wrongs?
They say the grand finale is like sleep,
I may feel love's nuts and bolts unscrewing—
it's best to be held tight. A pillow does not kiss.
May I never waver in peaceful unmindfulness.
I've seen passionate suffocation,
I've felt exquisite pain. Far better doggerel:
"Nurse, nurse, I'm getting worse!"
Undone, I'd like my last thoughts to rhyme:
                                I did not lend
                        you my love. The end.

Recién nacido

Lo primero que hice en contra de mi voluntad
fue ver la luz.
Más grande, en el vientre de mi madre
con una buena mente,
a veces soñaba con diferentes tipos de oscuridad.
Pateaba, tenía dulces sueños y pesadillas
Algo así como la muerte, felicidad no nacida,
alucinaciones ciegas, todo antes de respirar.

¿Qué será lo último en cruzar por mi mente
después de los últimos pros y contras?
Dicen que el gran final es como el sueño,
se puede sentir como se desatornillan
las tuercas del amor—
es mejor estar sujetado con fuerza.
Una almohada no besa.
Que no ocurra que yo acabe titubeando
en una pacífica desconsideración.
He visto la asfixia apasionada,
he sentido un dolor exquisito.
Ya será mejor acabar con un verso ramplón:
"¡Enfermera, enfermera, esta maldición no es la primera!"
Desbaratado, me gustaría que al final mis pensamientos rimaran:

No di con un fin
para el amor. Fin.